Esportes complementares

EDITORA
intersaberes

O selo DIALÓGICA da Editora InterSaberes faz referência às publicações que privilegiam uma linguagem na qual o autor dialoga com o leitor por meio de recursos textuais e visuais, o que torna o conteúdo muito mais dinâmico. São livros que criam um ambiente de interação com o leitor – seu universo cultural, social e de elaboração de conhecimentos –, possibilitando um real processo de interlocução para que a comunicação se efetive.

Esportes complementares

Bárbara Schausteck de Almeida
Emerson Liomar Micaliski
Marcos Ruiz da Silva

EDITORA intersaberes
Rua Clara Vendramin, 58 • Mossunguê • CEP 81200-170 • Curitiba • PR • Brasil
Fone: (41) 2106-4170 • www.intersaberes.com • editora@editoraintersaberes.com.br

Conselho editorial
Dr. Ivo José Both (presidente)
Dr.ª Elena Godoy
Dr. Neri dos Santos
Dr. Ulf Gregor Baranow

Editora-chefe
Lindsay Azambuja

Supervisora editorial
Ariadne Nunes Wenger

Analista editorial
Ariel Martins

Preparação de originais
Luiz Gustavo Micheletti Bazona

Edição de texto
Gustavo Piratello de Castro

Capa
Laís Galvão (*design*)
Ljupco Smokovski/Shutterstock (imagem)

Projeto gráfico
Luana Machado Amaro

Diagramação
Ensinar Digital

Equipe de *design*
Luana Machado Amaro
Mayra Yoshizawa

Iconografia
Célia Regina Tartália e Silva
Regina Claudia Cruz Prestes

Dados Internacionais de Catalogação na Publicação (CIP)
(Câmara Brasileira do Livro, SP, Brasil)

Almeida, Bárbara Schausteck de
 Esportes complementares/Bárbara Schausteck de Almeida, Emerson Liomar Micaliski, Marcos Ruiz da Silva. Curitiba: InterSaberes, 2019.
 (Série Corpo em Movimento)

 Bibliografia.
 ISBN 978-85-5972-982-5

 1. Corpo (Educação física) 2. Educação física – Estudo e ensino 3. Esportes 4. Esportes – Aspectos fisiológicos 5. Exercícios físicos I. Micaliski, Emerson Liomar. II. Silva, Marcos Ruiz da. III. Título. IV. Série.

19-23621   CDD-796.07

Índices para catálogo sistemático:
1. Educação física: Esportes: Estudo e ensino

Maria Alice Ferreira – Bibliotecária – CRB-8/7964

1ª edição, 2019.
Foi feito o depósito legal.

Informamos que é de inteira responsabilidade dos autores a emissão de conceitos.

Nenhuma parte desta publicação poderá ser reproduzida por qualquer meio ou forma sem a prévia autorização da Editora InterSaberes.

A violação dos direitos autorais é crime estabelecido na Lei n. 9.610/1998 e punido pelo art. 184 do Código Penal.

Sumário

Apresentação • 9
Organização didático-pedagógica • 11

Capítulo 1
Modalidades esportivas hegemônicas e complementares: compreendendo as diferenças • 17

1.1 O que é *esporte*? • 20
1.2 Classificação das modalidades • 25
1.3 Modalidades hegemônicas • 31
1.4 Modalidades complementares • 37
1.5 A proposta deste livro • 40

Capítulo 2
Modalidades esportivas de invasão • 51

2.1 Elementos sócio-históricos e culturais das modalidades esportivas de invasão • 54
2.2 Fundamentos técnicos das modalidades esportivas de invasão • 57
2.3 Fundamentos táticos das modalidades esportivas de invasão • 61
2.4 Processo de ensino-aprendizagem das modalidades esportivas de invasão • 66
2.5 Especificidades de algumas modalidades esportivas de invasão • 71

Capítulo 3

Modalidades esportivas de raquete e taco • 85

3.1 Elementos sócio-históricos e culturais das modalidades esportivas de raquete e taco • 88

3.2 Fundamentos técnicos das modalidades esportivas de raquete e taco • 91

3.3 Fundamentos táticos das modalidades esportivas de raquete e taco • 95

3.4 Processo de ensino-aprendizagem nas modalidades esportivas de raquete e taco • 98

3.5 Especificidades de algumas modalidades esportivas de raquete e taco • 100

Capítulo 4

Modalidades esportivas de rede/parede • 109

4.1 Elementos sócio-históricos e culturais das modalidades esportivas de rede/parede • 112

4.2 Fundamentos técnicos das modalidades esportivas de rede/parede • 116

4.3 Fundamentos táticos das modalidades esportivas de rede/parede • 120

4.4 Processo de ensino-aprendizagem das modalidades esportivas de rede/parede • 123

4.5 Especificidades de algumas modalidades esportivas de rede/parede • 126

Capítulo 5

Modalidades esportivas de expressão corporal • 141

- **5.1** Elementos sócio-históricos e culturais das modalidades esportivas de expressão corporal • 144
- **5.2** Fundamentos técnicos das modalidades esportivas de expressão corporal • 146
- **5.3** Fundamentos táticos das modalidades esportivas de expressão corporal • 149
- **5.4** Processo de ensino-aprendizagem das modalidades esportivas de expressão corporal • 150
- **5.5** Especificidades de algumas modalidades esportivas de expressão corporal • 151

Capítulo 6

E-sports: jogos eletrônicos são mesmo esporte? • 163

- **6.1** Elementos sócio-históricos e culturais dos *e-sports* • 166
- **6.2** Fundamentos técnicos dos *e-sports* • 171
- **6.3** Fundamentos táticos dos *e-sports* • 179
- **6.4** Processo de ensino-aprendizagem dos *e-sports* • 182
- **6.5** Especificidades de alguns *e-sports* • 188

Considerações finais • 203

Referências • 205

Bibliografia comentada • 215

Anexo • 217

Respostas • 219

Sobre os autores • 221

Apresentação

O esporte é um conteúdo muito presente na formação e na atuação em educação física. Por vezes, há uma associação direta entre *esporte* e *educação física* que ignora outras manifestações corporais de movimento, como exercícios, atividades físicas, ginástica, lutas, danças e jogos, e restringe todas elas sob a denominação *esporte*.

Na história da educação física no Brasil, durante as décadas de 1960 e 1970, houve uma hipervalorização política do esporte voltado ao rendimento, seguida por um período de rejeição, especialmente por alguns grupos da área acadêmica, nas décadas de 1980 e 1990, e que até hoje impacta a área. Na intenção de resistir às práticas do período da ditadura militar e valorizar as outras manifestações corporais do movimento, o esporte sofreu pesadas críticas na educação física. Desde então, a área amadureceu a compreensão sobre esse fenômeno social, entendendo que existem formas de abordagem diferenciadas para a prática esportiva e elas devem ser valorizadas, já que são parte da cultura e da sociedade brasileira e mundial.

Podemos perceber que, apesar dos avanços, ainda há reflexões e contribuições a serem feitas no que se refere ao esporte dentro da área da educação física. Em especial, destacamos que o hábito e o conhecimento esportivos são limitados a algumas modalidades praticadas no Brasil, com o futebol em primeiro lugar, seguido pelo vôlei e por outras modalidades como basquete, handebol, natação e atletismo. Esse é o fundamento que justifica a necessidade de discutirmos os esportes complementares.

Tendo como referência esse cenário, este livro visa contribuir com reflexões e alternativas para que professores e profissionais de Educação Física possam atuar com o esporte de forma ampliada. Para tanto, é preciso avançar no entendimento do esporte e, sobretudo, das modalidades esportivas, compreendendo de que maneira construções históricas, sociais e culturais podem restringir o acesso a elas. É necessário, ainda, considerar que, para os professores e os profissionais de Educação Física, atuar contra esse processo é um desafio.

Por isso, no Capítulo 1, apresentaremos de uma proposta de categorização das modalidades esportivas, que pode servir como embasamento à organização e à prática profissional em educação física. Com base nessa classificação, trataremos das diferentes modalidades, como as de invasão no Capítulo 2, de raquete e taco no Capítulo 3, de rede/parede no Capítulo 4 e de expressão corporal no Capítulo 5. Finalizaremos nossa discussão abordando os *e-sports* (esportes eletrônicos) no Capítulo 6. Nas considerações finais, reforçaremos alguns dos elementos que – esperamos – possam servir para a evolução da área do esporte no Brasil.

Para ajudar a compreensão das discussões desta obra, convidamos você a realizar as atividades propostas no final de cada capítulo. Contudo, sabemos que um tema tão complexo e vasto como o esporte não está limitado a uma publicação e, por isso, instigamos a busca por outras fontes relacionadas ao assunto para que você possa se aprofundar em seus conteúdos.

Esperamos, por fim, que a leitura deste livro seja apenas o começo para novas descobertas e para um entendimento mais amplo sobre o esporte.

Organização didático-pedagógica

Esta seção tem a finalidade de apresentar os recursos de aprendizagem utilizados no decorrer da obra, de modo a evidenciar os aspectos didático-pedagógicos que nortearam o planejamento do material e como você pode tirar o melhor proveito dos conteúdos para seu aprendizado.

Introdução do capítulo

Logo na abertura do capítulo, você é informado a respeito dos conteúdos que nele serão abordados, bem como dos objetivos que os autores pretendem alcançar.

Curiosidade

Nestes boxes, você confere informações complementares e interessantes a respeito do assunto que está sendo tratado.

Para saber mais

Você pode consultar as sugestões indicadas nesta seção para aprofundar sua aprendizagem.

Importante!

Algumas das informações mais importantes da obra aparecem nestes boxes. Aproveite para fazer sua própria reflexão sobre os conteúdos apresentados.

Síntese

Você conta, nesta seção, com um recurso que o instigará a fazer uma reflexão sobre os conteúdos estudados, de modo a contribuir para que as conclusões a que você chegou sejam reafirmadas ou redefinidas.

Indicação cultural

Nesta seção, os autores oferecem algumas indicações de livros, filmes ou sites que podem ajudá-lo a refletir sobre os conteúdos estudados e permitir o aprofundamento em seu processo de aprendizagem.

Atividades de autoavaliação

Com estas questões objetivas, você tem a oportunidade de verificar o grau de assimilação dos conceitos examinados, motivando-se a progredir em seus estudos e a se preparar para outras atividades avaliativas.

Atividades de aprendizagem

Aqui você dispõe de questões cujo objetivo é analisar criticamente determinado assunto e aproximar conhecimentos teóricos e práticos.

Bibliografia comentada

Nesta seção, você encontra comentários acerca de algumas obras de referência para o estudo dos temas examinados.

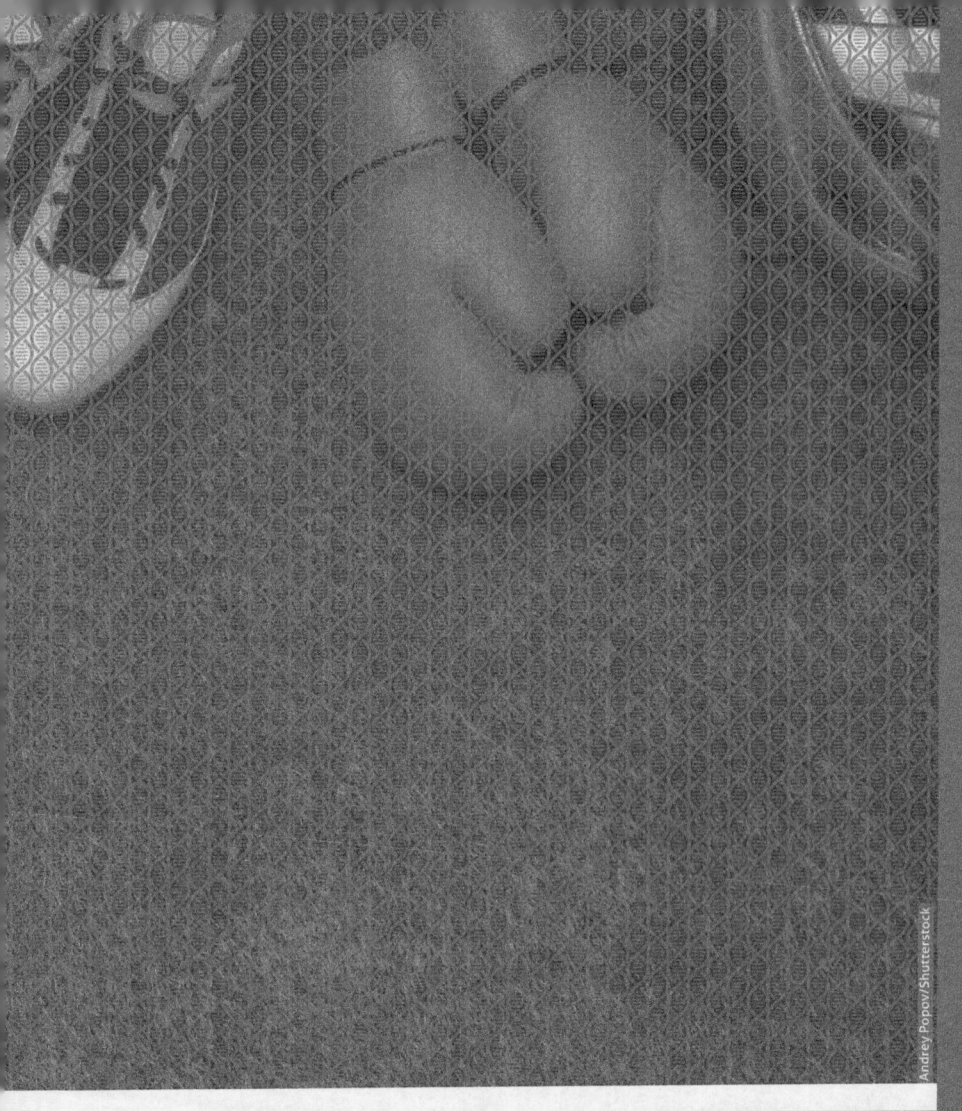

Capítulo 1

Modalidades esportivas hegemônicas e complementares: compreendendo as diferenças

O objetivo deste capítulo é apresentar alguns dos principais debates sobre como o esporte pode ser compreendido e classificado. Essa discussão é fundamental para que possamos interpretar o que são os esportes complementares. Em outras palavras, por que uma modalidade esportiva pode ser considerada *complementar*, em vez de *principal*? Quando e por que essa diferenciação surgiu? Quem é responsável por classificar as modalidades esportivas? Quais são os critérios utilizados?

Com base nos estudos socioculturais do esporte, podemos pensar os esportes complementares por meio do seguinte entendimento: no esporte (campo mais amplo), existem modalidades esportivas que têm maior ou menor destaque em razão de fatores sociais. Esses fatores resumem, no presente, uma série de modificações históricas influenciadas por elementos culturais, econômicos, políticos e midiáticos que fazem com que algumas modalidades tenham mais ou menos evidência em um país ou em vários países.

Nas próximas páginas, discutiremos o conceito de *esporte*, algumas de suas classificações e a diferenciação entre modalidades hegemônicas (tradicionais) e complementares.

1.1 O que é *esporte*?

Responder à pergunta presente no título desta seção parece relativamente simples, visto que esporte é um fenômeno tão presente no cotidiano da maioria das pessoas que parece existir uma definição fácil e imediata sobre ele.

Talvez a primeira imagem que o termo *esporte* suscite seja a do futebol, especialmente da seleção brasileira em uma partida de Copa do Mundo ou de um jogo do campeonato brasileiro, possivelmente no estádio do Maracanã. Para além dessa primeira imagem, possivelmente surjam exemplos de outras modalidades que praticamos ou a que assistimos na televisão, como o voleibol, o basquetebol, o tênis, o atletismo e a Fórmula 1. Então, surge o primeiro questionamento: Automobilismo é esporte?

Chegamos a um ponto no qual percebemos que a resposta à pergunta "O que é esporte?" pode não ser tão simples assim.

Se você conversar sobre isso com outras pessoas, perceberá que há quem defenda, por exemplo, que o automobilismo é esporte, enquanto outros podem achar que não. Do lado de quem entende que sim, podem vir argumentos segundo os quais os pilotos participam de um campeonato e hoje em dia têm um treinamento físico bastante intenso para ter o controle de um carro a uma velocidade de 300 km/h. Já para quem discorda, a alegação pode ser que o esforço no automobilismo não é do piloto, mas do equipamento (carro, moto ou caminhão) que ele dirige. Nessa lógica, também poderíamos colocar em dúvida se hipismo deve ou não ser considerado esporte, dado que o esforço físico mais visível é feito pelo cavalo, e não pelo cavaleiro ou pela amazona. Outras modalidades que entram nessa polêmica são o xadrez, o pôquer e os jogos de *videogame* e de computador (atualmente chamados de *e-sports*).

Se não tivermos clareza se essas modalidades são ou não esporte, provavelmente encontraremos dificuldade em localizar historicamente quando o esporte "começou". Será que entre as práticas retratadas em pinturas rupestres há milhares de anos pelos seres humanos pré-históricos podemos considerar alguma como esporte? Ou talvez ele tenha começado entre os romanos? Ou, ainda, entre os gregos?

Aprofundando nossos questionamentos, podemos refletir sobre outras práticas. Em sua opinião, quais das atividades a seguir poderiam ser classificadas como esporte?

- Jogar futebol informalmente com os amigos.
- Fazer musculação na academia.
- Caminhar pelo parque.
- Subir uma montanha caminhando.
- Interagir com um brinquedo qualquer (no caso de uma criança).
- Brincar com uma bola.
- Disputar um jogo de tabuleiro com os amigos.

Para quais desses itens você respondeu "Sim, isso é esporte"?

Se acrescentarmos os conceitos de atividade física, exercício, jogo e brincadeira, definir e diferenciar o que é esporte torna-se uma tarefa ainda mais complexa.

Depois dessas reflexões, vamos organizar nosso raciocínio utilizando conceitos que nos auxiliem nessas diferenciações. Diversos autores assumiram o desafio de definir o que é *esporte* com a intenção de organizar as diferentes práticas esportivas e, assim, facilitar sua compreensão e seu estudo. Entre essas contribuições, existem definições tradicionais e outras mais recentes que buscam avançar na compreensão do que é o **esporte**, especialmente considerando a vasta possibilidade de significados do termo (Coakley, 2009).

Os conceitos mais tradicionais sobre o que é *esporte* baseiam-se em quatro requisitos:

1. A existência de regras.
2. A implementação dessas regras por instituições.
3. A característica de ser uma atividade física competitiva.
4. A presença de algum tipo de recompensa interna (satisfação individual) e externa (premiação).

Com base nesses aspectos, diversas das questões que fizemos anteriormente teriam como resposta "Não, isso não é esporte". Por exemplo, xadrez e automobilismo não atenderiam completamente ao requisito 3; o futebol informal e a musculação na academia não atendem ao requisito 2; a interação com o brinquedo não atende ao requisito 1; e a maior parte dos exemplos tem uma recompensa interna, mas não externa. Entretanto, se pensarmos nas modalidades esportivas que vemos pela televisão com maior frequência, como futebol, voleibol, basquete, futsal, handebol, atletismo, natação e boxe, entre outras, há o atendimento a todos os requisitos.

Nesse sentido, a definição tradicional exclui muitas práticas, deixando o termo *esporte* para classificar um número restrito de atividades. No entanto, nas últimas décadas, vemos que há um interesse cada vez maior em ampliar as atividades contempladas por essa definição, porque as práticas corporais estão mais complexas e diferentes modalidades atraem a atenção de praticantes e, consequentemente, de instituições e patrocinadores e da mídia.

Alguns autores defendem a flexibilização do conceito e consideram que *esporte* deve ser compreendido como algo mais amplo do que atividades físicas competitivas e, para tanto, apresentam dois pressupostos:

1. Estender a noção de *atividade física* para além do gasto energético muscular, considerando também habilidades complexas, o que incluiria as habilidades mentais, agregando assim o automobilismo e o xadrez (Barbanti, 2006), bem como o pôquer e os *e-sports*.
2. Contemplar a competição não só entre atletas ou equipes, mas também contra a natureza (Betti, 2002), o que incluiria atividades como o *trekking*, a escalada, o rapel e o *parkour*, mesmo quando não houvesse a competição com outras pessoas ou contra o tempo.

Marchi Júnior e Afonso (2007) defendem que o esporte é um fenômeno polissêmico, ou seja, tem vários sentidos, significados e contextos. Nessa compreensão, uma criança chutando a bola ou o jogo informal entre amigos, mesmo que não sigam todas as regras oficiais, são atividades que não deixam de ser esporte (nesses casos, futebol). Aqui, o raciocínio é que o princípio do esporte é o mesmo, mas os sentidos, os significados e os contextos em que as práticas acontecem e que os participantes dão a elas são diferentes.

Neste livro, partimos do progresso dado por esses autores para pensar o esporte – visto que uma visão tradicional é bastante restrita –, considerando a variedade de práticas com distintos contextos e significados, com as quais professores e profissionais de Educação Física precisam lidar em seu cotidiano.

Dessa forma, quando ensinamos uma modalidade esportiva para as crianças, trata-se sim de esporte, ainda que em um contexto diferente da visão tradicional, no qual o educador deve entender que os participantes dão um sentido e um significado para aquela prática que é distinto daquele considerado pelos jogadores profissionais, por exemplo. Articulando essa visão avançada com o conceito tradicional, enquanto os jogadores profissionais precisam ter uma maior ênfase em treinamentos físicos e táticos, pois as recompensas buscadas são mais externas do que internas, as crianças que estão aprendendo uma modalidade esportiva querem ter a oportunidade de praticá-la e de interagir com o equipamento (bola, taco, piscina, quadra, campo, entre outras) e com os colegas. Além disso, elas são motivadas pela possibilidade de obter recompensas internas (satisfação, diversão, fazer novos amigos, aprender valores etc.), que muitas vezes são mais importantes e valiosas em sua formação do que recompensas externas (uma premiação ou uma vitória em uma competição, por exemplo).

Acreditamos que esse entendimento é de suma importância na formação em Educação Física, tanto no bacharelado quanto na licenciatura, pois permite que não sejam criadas expectativas que vão além daquilo que os participantes são capazes de realizar e, em muitos casos, daquilo que eles têm interesse em desenvolver. Isso significa entender também que é possível modificar as regras da modalidade esportiva que se quer ensinar, proporcionando atividades diferentes que superam a simples repetição e dão ênfase técnica aos movimentos corporais em comparação com o nível de altíssimo rendimento a que estamos habituados a assistir na televisão.

Na sequência, abordaremos algumas das possibilidades de classificação das diversas modalidades esportivas. Para o interesse deste livro, nas próximas páginas, explicitaremos o que entendemos como *esportes hegemônicos* e *esportes complementares*.

Como partimos do entendimento de que as modalidades esportivas são diversas e têm características distintas, a classificação com base em suas semelhanças poderá nos auxiliar a compreendê-las melhor, o que permitirá futuramente trabalhar com várias delas.

1.2 Classificação das modalidades

As modalidades esportivas que citamos anteriormente são pouquíssimas perto da infinidade de práticas que poderiam ser consideradas. Por isso, alguns autores no decorrer da história propuseram a organização das diferentes modalidades por meio de classificações. Na *Enciclopédia mundial dos esportes* (World Sports Encyclopedia), publicada pelo professor polonês Wojchiech Liponski com a colaboração da Organização das Nações Unidas para a Educação, Ciência e Cultura (Unesco), foram mapeadas mais de 3 mil modalidades, classificadas entre esportes históricos, regionais, tradicionais e internacionais (Liponski, 2003). Podemos imaginar que esse número tem crescido significativamente e seria praticamente impossível manter o registro totalmente atualizado de todas as modalidades esportivas do mundo inteiro.

É por isso que as classificações podem ser úteis. Embora o número de modalidades seja enorme, é possível agregar um conjunto de práticas com base em parâmetros que permitem compreendê-las melhor, considerando suas semelhanças. Mais do que isso, torna-se útil aos graduados em Educação Física entender algumas lógicas que são comuns a diversas modalidades para que, durante sua carreira profissional, tenham um embasamento que lhes permita aprofundar-se naquelas em que têm mais interesse. Com isso, queremos dizer que, ao entender a lógica por trás das classificações das modalidades, é possível identificar similaridades e diferenças dentro e entre os grupos de classificação, o que auxilia na criação de atividades e no conhecimento das regras, dos princípios táticos e das necessidades dos treinamentos físicos e técnicos.

Os critérios estabelecidos para fazer as classificações são inúmeros, dependendo do que se quer enfatizar. Alguns dos mais comuns, de acordo com Parlebas (1986), são apresentados no Quadro 1.1.

Quadro 1.1 Formas comuns de classificação das modalidades esportivas

Critérios	Exemplos
Capacidades físicas mobilizadas	▪ Força, resistência, velocidade, alvo ou coordenação. ▪ Prática contínua ou pausada (intervalada ou intermitente).
Demanda bioenergética	▪ Com base no consumo de oxigênio, as modalidades podem ter maior exigência bioenergética (provas de resistência) ou menor (provas de tiro, por exemplo).
Materiais ou instrumentos utilizados	▪ Bola, raquete, taco, aparelhos (como na ginástica artística), implementos (como na ginástica rítmica ou nas provas de campo do atletismo) ou mecânicos (como no automobilismo).
Local de prática	▪ Aberto (na natureza, no campo, na pista, na estrada). ▪ Fechado (em ginásio ou piscina).
Natureza do espaço	▪ Com neve ou gelo, aéreo, terrestre, aquático ou virtual.
Número de praticantes	▪ Individual ou coletivo.

Fonte: Elaborado com base em Parlebas, 1986.

Enquanto você lia o Quadro 1.1, talvez tenha pensado em modalidades específicas que não necessariamente podem ser isoladas em uma categoria apenas. Por exemplo, no atletismo, temos provas de resistência (maratona), de força (arremessos) e de velocidade (100 metros rasos). Ao mesmo tempo, todas essas provas demandam coordenação, ainda que essa não seja a capacidade física predominante, em comparação com os saltos ornamentais, para citar apenas uma modalidade. Outro pensamento que pode ter surgido é o fato de que alguns critérios agregam um número muito grande de modalidades, como "número de praticantes" ou "natureza do espaço". É possível pensar ainda que, dentro das modalidades terrestres, há aquelas praticadas na areia, na grama e na quadra, surgindo, assim, algumas subcategorias.

Como é possível perceber, não há uma classificação definitiva que incorpore todas as variáveis, dada a complexidade que as modalidades esportivas apresentam. Essa diversidade tem implicações diretas na prática de educação física, o que demanda, por parte dos profissionais, sua compreensão. Por exemplo, entre todas as modalidades esportivas, por que os praticantes optam por uma ou por outra? Inevitavelmente, a escolha de um esporte só acontece porque a pessoa o praticou em algum momento da vida ou porque foi exposta a essa modalidade ao assistir a ela presencialmente ou na televisão. Essa exposição pode sofrer influência de diversas naturezas, como geográficas (acesso ou não locais como a praias, mar, piscinas, montanha e neve) e culturais (práticas que são mais valorizadas e realizadas no lugar onde a pessoa vive). No Brasil, sabemos que o futebol é um esporte extremamente valorizado, enquanto o tênis de mesa não é tão prestigiado assim. Na China, há uma situação oposta, ainda que existam esforços para que o futebol cresça no país. Ou, ainda, dada as situações geográficas, há, em nosso país, práticas muito limitadas de modalidades na neve, enquanto no futebol de areia e no vôlei de praia há um desenvolvimento significativo – o oposto do que ocorre na Finlândia.

Chegamos, então, ao tema central deste livro: que critérios devem ser considerados para definir que uma modalidade esportiva é complementar? Especificamente no caso dos esportes complementares, o que utilizamos como critério é sua evidência ou não no campo esportivo brasileiro. Como argumentamos até aqui, a modalidade estar ou não em destaque depende das possibilidades de acesso e de exposição que ela tem em nosso país. Para essa avaliação, utilizamos como referência o *Diagnóstico nacional do esporte* (Diesporte), publicado pelo Ministério do Esporte em 2013, que define parâmetros significativos para essa compreensão, já que a pesquisa foi realizada com grande número de pessoas, de várias faixas etárias e em diferentes cidades e estados, ou seja, com validade estatística para representar a população brasileira (Brasil, 2013).

Como vimos no Quadro 1.1, quando se estabelece um critério de classificação, existe um resultado que se opõe a outro. Por exemplo, se a modalidade não é coletiva, então ela é individual, e vice-versa. No caso das modalidades esportivas complementares, a possibilidade oposta dentro dessa classificação é a modalidade ser classificada como *hegemônica*. Assim, apresentamos uma proposta de classificação entre modalidades hegemônicas e complementares tendo como referência as atividades esportivas mais praticadas em 2013. Essa divisão foi feita considerando-se o percentual de praticantes de cada uma.

Tabela 1.1 Classificação das modalidades esportivas conforme percentual de praticantes no Brasil em 2013

Classificação	Modalidade	% de praticantes
Hegemônica	Futebol	59,8%
	Voleibol	9,7%
	Natação	4,9%
	Futsal	3,3%
	Handebol	2,0%
	Basquetebol	1,8%
	Ciclismo	1,7%
	Caratê	1,4%
	Capoeira	1,2%

(continua)

(Tabela 1.1 – conclusão)

Classificação	Modalidade	% de praticantes
Complementar	Artes marciais	0,8%
	Dança	0,7%
	Surfe	0,6%
	Skate	0,4%
	Boxe	0,4%
	Jiu-jítsu	0,3%
	Balé	0,3%
	Tênis	0,3%
	Motocross	0,3%
	MMA[1]	0,2%
	Muay thai	0,2%
	Triathlon	0,1%
	Patinação	0,1%
	Judô	0,1%

Fonte: Elaborado com base em Brasil, 2013.

Na Tabela 1.1, fica evidente que o futebol é o esporte mais hegemônico no Brasil. Para fins didáticos, foram consideradas *modalidades hegemônicas* aquelas que tiveram acima de 1% de praticantes e as demais foram classificadas como *complementares*.

Outras práticas incluídas na pesquisa como esporte foram: corrida (2,8%), caminhada (2,4%), musculação (1,4%), queimada (1,2%) e trilha (0,5%). Nesses casos, por mais que essas práticas possam ter um perfil esportivo, optamos por sua exclusão pela possibilidade mais ampla de serem majoritariamente consideradas como *atividades físicas*.

Sobre as atividades físicas, também poderíamos considerar algumas delas como *hegemônicas* e outras como *alternativas* (termo mais comum nesse universo). Embora essas atividades por vezes sejam confudidas com esporte na expressão *esportes*

---

[1] Mixed martial arts (artes marciais mistas)

radicais, elas têm características específicas e distintas dos esportes complementares, por isso não serão incorporadas neste livro.

Para além dos dados percentuais encontrados no Diesporte, podemos ter a percepção no cotidiano de quais modalidades esportivas são hegemônicas e quais são complementares com base em nossa experiência. Mesmo que você tenha tido oportunidade de praticar algumas das modalidades complementares, possivelmente percebe que não são muitas pessoas que as conhecem ou já as praticaram. Isso se caracteriza pela influência da aprendizagem na escola (48% das pessoas indicam que iniciaram sua prática esportiva na escola ou na universidade, com orientação de um professor) ou em outros espaços públicos e privados, com (15%) ou sem (10%) estrutura específica, ou, ainda, com (9%) ou sem (4%) a orientação de um profissional (Brasil, 2013).

Isto é, existe uma predominância de acesso à prática esportiva em instituições (como escolas ou clubes) com estrutura específica e com a orientação de um profissional. Poucas pessoas sozinhas e em espaços que não possuem uma estrutura específica praticam uma modalidade esportiva. Isso significa que a experiência na escola é bastante significativa, mas também pode ser complementada pela prática em outros ambientes após o término do período escolar.

Nesse ponto, reforçamos a importância da preparação de profissionais que ofereçam a seus alunos uma variedade de práticas, propiciando uma experiência inicial para criarem o gosto por uma ou mais atividades, bem como terem a preparação motora mínima para praticar outros exercícios posteriormente. Com a intenção de aprofundar a discussão sobre as modalidades hegemônicas e complementares, apresentamos, a seguir, as características dessa classificação em mais detalhes.

1.3 Modalidades hegemônicas

A capacidade de explicação pela qual uma modalidade se torna hegemônica em uma sociedade pode ser uma tarefa bastante difícil. Isso porque são inúmeras as variáveis históricas que contribuem para a incorporação bem-sucedida do esporte em determinado grupo social. Embora seja possível identificar alguns elementos relevantes – por exemplo, a similaridade da modalidade com os valores da sociedade, as oportunidades de exibição, a valorização dada pelo governo e pelas demais instituições sociais –, com frequência existem outros não tão óbvios que provavelmente são fundamentais, ainda que sejam difíceis de serem percebidos ou mapeados. Com isso, queremos dizer que não está claro o que torna uma modalidade hegemônica, mas podemos identificar alguns fatores para entender o desenvolvimento das atividades a ponto de elas serem reconhecidas pelas pessoas.

Um dos fatores que hoje é bastante relevante no cenário esportivo mundial é a presença ou não da modalidade esportiva nos Jogos Olímpicos. Nos últimos anos, esse evento multiesportivo internacional tem tomado proporções enormes em diversos aspectos a ponto de utilizarmos o termo *megaevento* para descrevê-lo. Os investimentos realizados pelos governos, a mobilização midiática e o interesse internacional de um número muito significativo de pessoas que compõem a audiência televisiva mundial tornaram esse acontecimento uma ferramenta poderosa, que dá visibilidade às cidades e aos países-sede, bem como às próprias modalidades esportivas (Muller, 2015).

Embora seja possível identificar que as modalidades atraem interesses bastante variáveis de espectadores nas instalações esportivas dos Jogos Olímpicos, na televisão, nas notícias e nas mídias sociais (IOC, 2013), há uma atenção crescente por parte das instituições que administram modalidades esportivas em nível internacional – as chamadas *Federações Internacionais* – para inseri-las ou mantê-las no programa olímpico.

O Comitê Olímpico Internacional (COI)[2], instituição responsável pela administração do Movimento Olímpico, incluindo os Jogos Olímpicos, é quem escolhe quais modalidades são incluídas ou excluídas desse evento. Para os Jogos Olímpicos do Rio de Janeiro em 2016, foram incluídas as modalidades golfe e rugby, enquanto que para o evento em Tóquio, em 2020, foram incluídas as modalidades escalada, beisebol, softbol, surfe, *skate* e caratê.

De acordo com a Carta Olímpica, documento que rege o funcionamento do COI, é possível incluir eventos de modalidades de federações internacionais que já fazem parte do programa olímpico ou que sejam reconhecidas pelo COI. Essa inclusão se dá por meio da concordância conjunta do COI, da federação internacional da modalidade e do comitê organizador dos próximos Jogos Olímpicos. Porém, qualquer inclusão só é possível considerando um limite no número de atletas, de equipes técnicas e de eventos totais dos Jogos Olímpicos, para que não haja um crescimento descontrolado desse evento, que já tem grandes proporções (IOC, 2017).

Em 2015, foram aprovados 35 critérios para selecionar possíveis modalidades esportivas para fazerem parte do programa olímpico, que podem ser classificados em cinco categorias: proposta olímpica, valor agregado aos Jogos Olímpicos, questões institucionais, popularidade e modelo de negócios.

Em um primeiro momento, 26 federações internacionais apresentaram propostas de novos eventos para os Jogos de Tóquio 2020, sendo oito inicialmente selecionadas – além das modalidades já mencionadas, também foram listadas as federações internacionais de boliche, squash e wushu (kung fu). Na escolha conjunta entre o COI e o Comitê Organizador de Tóquio 2020, restaram as cinco modalidades finais já mencionadas, que foram

---

[2] Em inglês, International Olympic Committee (IOC).

eleitas principalmente pela possibilidade de relacionarem-se com o público jovem (IOC, 2016).

O Quadro 1.2 apresenta as modalidades esportivas, as respectivas disciplinas e o número de eventos em cada modalidade do programa olímpico para os Jogos Olímpicos de Tóquio 2020. As modalidades têm no mínimo dois eventos, especialmente as coletivas que possuem a disputa masculina e feminina. Conforme é possível notar no quadro, a variação no número de eventos é bastante significativa.

Quadro 1.2 Modalidades, disciplinas e número de eventos para os Jogos Olímpicos de Tóquio 2020

Modalidade	Disciplinas	Número de eventos
Atletismo	Corridas, saltos, arremessos e lançamentos	48
Badminton	Individual, duplas e duplas mistas	5
Basquetebol	Equipes e 3 × 3	4
Beisebol/softbol	Beisebol (homens) e softbol (mulheres)	2
Boxe	Categorias de peso	13
Canoagem	Velocidade e *slalom*	16
Caratê	*Kumite* (enfrentamento) e *kata* (sequência de técnicas)	8
Ciclismo	Estrada, pista, *mountain bike* e BMX	22
Escalada esportiva	Combinado *lead, bouder* e velocidade	2
Esgrima	Florete, espada e sabre	12
Esportes aquáticos	Maratona aquática, nado sincronizado, natação, polo aquático e saltos ornamentais	49
Futebol	Equipes	2
Ginástica	Artística, rítmica e de trampolim	18

(continua)

(Quadro 1.2 – conclusão)

Modalidade	Disciplinas	Número de eventos
Golfe	Individual	2
Handebol	Equipes	2
Hipismo	Concurso completo de equitação, saltos e adestramento	6
Hóquei	Equipes	2
Judô	Categorias de peso	15
Levantamento de peso	Categorias de peso	14
Luta olímpica	Greco-romana e livre	18
Pentatlo moderno	Individual	2
Remo	Parelhos e pontas	14
Rugby	Equipes	2
Skate	*Park* e *street*	4
Surfe	Individual	2
Taekwondo	Categorias de peso	8
Tênis	Individual, duplas e duplas mistas	5
Tênis de mesa	Individual, equipes e duplas mistas	5
Tiro com arco	Individual e equipes	5
Tiro esportivo	Pistola, carabina, fossa e *skeet*	15
Triatlo	Individual e revezamento por equipe mista	3
Vela	RS:X, laser, *finn*, 470, 49er e nacra 17	10
Voleibol	Quadra e praia	4

Fonte: Elaborado com base em Tokyo 2020, 2019; IOC, 2016.

Ao ler a lista do Quadro 1.2, é possível que alguns nomes não sejam muito familiares. Mesmo que você tenha interesse por esportes, é provável que não conheça todas as modalidades e disciplinas que constam no calendário dos Jogos Olímpicos. Isso ocorre porque há uma seleção dos eventos que são transmitidos pela televisão ou pela internet – ainda que haja um aumento frequente nas horas de cobertura midiática –, que tende a mostrar aquelas modalidades que já são conhecidas e apreciadas pelos espectadores de um país (Bourdieu, 1997). Assim, como brasileiros, acabamos por ter pouco contato com alguns esportes, exceto se um atleta ou uma equipe de nosso país conquiste algum prêmio e fique em evidência na mídia.

Mesmo nesses casos, é possível que a memória não perdure. Um teste rápido: você se lembra de qual foi a primeira medalha conquistada pelo Brasil nos Jogos Olímpicos Rio 2016? Qual é o nome do atleta e em que modalidade e disciplina a medalha foi conquistada? Pois bem, foi a medalha de prata de Felipe Wu, no tiro esportivo, especificamente na prova de pistola de ar de 10 metros. Já os desempenhos da seleção masculina de futebol e de vôlei – talvez também das seleções femininas nessas modalidades – é provável que estejam mais nítidos em sua memória.

Façamos mais um teste: ao reler as modalidades esportivas do Quadro 1.2, tente recordar o nome de pelo menos um atleta de cada uma. Será que, após esse teste, você conseguiria indicar modalidades esportivas hegemônicas e complementares? Elas reforçam a ideia apresentada na seção anterior, sobre quais são mais praticadas no contexto brasileiro?

Ao compararmos a Tabela 1.1 (das modalidades hegemônicas e complementares com base no percentual de praticantes no Brasil em 2013) com o Quadro 1.2 (das modalidades esportivas nos Jogos Olímpicos de Tóquio 2020), veremos que, das nove apontadas como hegemônicas na Tabela 1.1, somente não faziam parte do programa olímpico o futsal, a capoeira e o caratê (lembrando que a pesquisa foi feita em 2013, quando o caratê ainda não era uma modalidade olímpica). Entre as catorze classificadas como *complementares*, somente o boxe, o tênis, o triatlo e o judô eram olímpicas naquele momento – também estão nessa lista *skate* e surfe, que foram incluídas no programa olímpico mais tarde.

Com isso, queremos demonstrar que a presença de uma modalidade nos Jogos Olímpicos não assegura sua evidência em um país, apesar de auxiliar em sua divulgação e lhe dar visibilidade. Mesmo no caso das modalidades que não constam no programa olímpico, ainda existe a possibilidade de relevância e difusão considerando-se outros fatores sociais (composto por elementos históricos, culturais, políticos e interesses midiáticos). Dessa forma, ao analisarmos cada país, teremos listas distintas de modalidades hegemônicas e complementares.

Com o interesse de uma instituição internacional como o COI, ao selecionar as modalidades para os Jogos Olímpicos, vemos a tentativa de agregar um conjunto daquelas com grande aceitação internacional para compor o programa olímpico. Assim, os Jogos Olímpicos podem servir de parâmetro para indicar a tendência de modalidades hegemônicas e complementares no cenário internacional, mas não são um indicador final e preciso quando se observam os países individualmente.

A relevância de compreender uma modalidade como hegemônica ou complementar varia entre os profissionais da área.

Por exemplo, para o gestor de uma modalidade esportiva, saber posicioná-la no cenário esportivo nacional e local é fundamental para planejar suas ações. Nesse caso, qual seria a prioridade: buscar novos participantes ou fortalecer os atuais? Como manter-se em evidência ou, ainda, conquistar uma posição de evidência entre as modalidades já consagradas? Como é possível diferenciar-se a ponto de chamar a atenção de novos fãs e participantes? Nesse exemplo, pode-se pressupor a existência de um planejamento específico.

Já sob o ponto de vista de um técnico ou de um treinador de uma modalidade hegemônica ou complementar, a preocupação está em perceber quais são as bases de capacidades e habilidades físicas necessárias para a modalidade e o quanto dessas bases os participantes ou atletas trazem consigo.

Para quem trabalha com *marketing* e mídias, um elemento fundamental é compreender o quanto fãs e participantes, atuais e potenciais, têm de conhecimento para interpretar a modalidade, compreendendo suas características e as *performances* dos atletas para, assim, escolher quais estratégias de comunicação utilizar.

E sob o ponto de vista de uma pessoa que não esteja diretamente envolvida com o esporte? Nesse caso, podemos pensar que, como ele é um dos elementos relevantes da cultura corporal, ter a possibilidade de vivenciar, praticar, compreender e apreciar diferentes modalidades é benéfico para a construção humana, tanto na perspectiva individual quanto na social. Nesse sentido, um nível que indicaria significativo avanço na cultura corporal de um país seria as pessoas poderem definir, por meio de critérios próprios, qual modalidade é hegemônica e qual é complementar, e que os fatores que determinassem essa escolha não fossem apenas a limitação de acesso a elas ou a oportunidade de vivenciá-las. Talvez esse seja o grande desafio dos profissionais de Educação Física que se propõem a trabalhar com o esporte.

Para que esse nível possa ser alcançado, também é importante conhecer e compreender quais modalidades não estão evidentes no cenário esportivo brasileiro. Assim, para dar continuidade ao debate, apresentaremos, na próxima seção, algumas considerações que permitirão compreender as modalidades complementares.

1.4 Modalidades complementares

No campo da educação física, inúmeras críticas foram construídas em relação ao esporte. Uma delas estava no fato de o esporte ter sido o conteúdo dominante na formação da área e, consequentemente, o conteúdo priorizado nas aulas de Educação Física escolar. Outra crítica foi que, mais que o predomínio do conteúdo, apenas algumas modalidades esportivas eram trabalhadas – especialmente o futebol, o voleibol, o basquetebol e o handebol. Uma terceira crítica era que, mesmo no pequeno número de modalidades esportivas, não se via uma sequência de aprendizagem durante os anos escolares, sendo comum que os professores ensinassem as mesmas técnicas todos os anos. Era como se, na disciplina de Matemática, as aulas só enfocassem as quatro operações básicas (adição, subtração, multiplicação e divisão) em todos os anos escolares, em vez de aumentar a complexidade do conteúdo no decorrer da vida escolar. Ainda havia a crítica de que os ensinamentos repetidos enfocavam na *performance* técnica, fragmentando as atividades com o foco nos fundamentos básicos, sem a devida adequação às tarefas conforme as faixas etárias e sem realizar uma abordagem contextualizada às situações de jogo (Bracht, 2000; Barroso; Darido, 2006).

Evidentemente, esse quadro é uma generalização, pois existem professores que desenvolvem atividades diversas e escolas com infraestrutura que proporciona vivências esportivas variadas, mostrando que essa realidade não é a regra da Educação Física escolar. Como argumentamos anteriormente, sendo a escola o principal local de início da prática esportiva, é fundamental que a experiência com a cultura corporal seja a mais diversificada possível, para além da reprodução dos mesmos gestos técnicos de um número restrito de modalidades esportivas durante toda a vida escolar.

Como esse pequeno número de modalidades esportivas ficou em evidência, elas passaram a ser classificadas como *modalidades tradicionais*, sendo utilizada a expressão *modalidades esportivas complementares* quando queremos nos referir àquelas que não compõem esse núcleo tradicional.

Conforme especificidades locais, algumas modalidades tradicionais podem ser substituídas – por exemplo, em alguns lugares, valoriza-se mais o basquetebol do que o handebol (e vice-versa), ou ainda a natação e o atletismo são incluídos. De modo geral, é possível perceber uma enorme soberania do futebol, com graus variados de incorporação das demais modalidades. Como estamos argumentando desde o início, a experiência durante a vida escolar tende a influenciar a prática das modalidades esportivas no decorrer da vida, mesmo que não seja de forma totalmente determinista.

Tente se lembrar de quantas modalidades você, de fato, já praticou em sua vida. Quantas delas foram na escola? Em que outros ambientes você as praticou? Quais se diferenciavam da lista que mencionamos anteriormente? Quantas delas são olímpicas? Quantas delas estão na lista de modalidades identificadas no Diesporte? Talvez algumas das quais você tenha praticado, além de futebol, voleibol, basquetebol, handebol, atletismo e natação, tenham sido xadrez, judô, balé, capoeira, tênis de mesa e tênis. É possível pensar, ainda, que movimentos semelhantes aos realizados em modalidades como natação, atletismo, ginástica, boxe, hipismo, beisebol, golfe, futebol americano, rugby e esgrima podem ter sido executados em brincadeiras ou com equipamentos específicos ou adaptados àqueles utilizados nessas modalidades esportivas (raquetes, tacos e bolas em diferentes formatos e tamanhos, por exemplo).

Considerando a cultura corporal brasileira, podemos entender que as últimas modalidades citadas são complementares, ou seja, diferentemente das tradicionais, são modalidades vivenciadas e praticadas com menor frequência, estruturação pedagógica e/ou ênfase. Embora haja locais de treinamento específico para elas (como escolinhas, clubes e associações, em equipes ou em grupos que se reúnem para esse fim), no aprendizado esportivo formal (na escola), essas experiências tendem a ser pontuais.

É possível observar ainda que os cursos de formação (graduação) em Educação Física geralmente incluem em suas grades curriculares disciplinas ou cadeiras específicas para certas modalidades, o que evidencia que algumas "merecem" esse espaço em detrimento de outras. Por um lado, podemos pensar que esse conhecimento, dentro da área de atuação historicamente constituída, é fundamental. Por outro, podemos questionar se a manutenção dessa prioridade não reforça a hierarquia das práticas. Visando superar a pura reprodução dessa lógica, consideramos que a abordagem de esportes complementares na graduação em Educação Física é relevante e deve ser valorizada pelas instituições de ensino e pelos estudantes em formação.

Assim, propomos que a formação em Educação Física deve contemplar um número significativo de modalidades esportivas a fim de preparar o profissional para lidar com diferentes aspectos do esporte como cultura corporal. E, dada a infinidade de modalidades que podem ser classificadas como *complementares*, é preciso estabelecer algum parâmetro para essa abordagem. Assim, apresentaremos, na seção a a seguir, a proposta de abordagem dos esportes complementares que elegemos para a organização deste livro: o ensino de jogos para compreensão.

1.5 A proposta deste livro

Até o momento, mostramos que algumas modalidades esportivas adquiriram mais importância do que outras na sociedade brasileira. Esse é um elemento primordial aos professores e profissionais de Educação Física, que estão na posição de proporcionar às pessoas a vivência e o aprofundamento em modalidades esportivas diversas, conforme o Diesporte apontou em 2013.

O desafio, então, é como planejar estratégias de ensino de modalidades esportivas que não sejam específicas para apenas uma delas. Considerando as características técnicas, táticas e de regras de cada modalidade esportiva, como poderíamos ensinar um número amplo, não limitado às tradicionais, na escola, nos clubes e nos locais de iniciação esportiva, nos processos chamados de *ensino-aprendizagem-treinamento*?

Nas últimas décadas, diversos estudiosos da área da pedagogia do esporte têm constatado que a especialização precoce é nociva para o desenvolvimento de crianças e jovens, sendo por vezes prejudicial à própria *performance* e à longevidade no esporte (Menezes; Marques; Nunomura, 2014). Outro aspecto que passou a ser constatado é o alto índice de desistência em programas esportivos, em que os ex-participantes destacam a insatisfação em virtude da pressão por resultados e a falta do fator lúdico, isto é, a diversão, com o passar do tempo (Caregnato et al., 2016). Os estudos também passaram a identificar que o uso de metodologias que fragmentam os gestos técnicos nas modalidades esportivas não permitiam desenvolver o conhecimento tático dos jogos, sendo essa estratégia de ensino pouco eficiente na sequência da carreira esportiva (Clemente, 2014). Assim, alguns métodos de ensino têm sido mais prejudiciais do que benéficos, independentemente de que o objetivo seja manter os praticantes envolvidos no esporte ou que se busque o aperfeiçoamento técnico visando ao rendimento esportivo.

Com o resultado dessas pesquisas, que passaram a desconstruir as lógicas que estavam consolidadas no ensino dos esportes, os pesquisadores buscaram alternativas que atendessem tanto à formação de bons atletas como ao gosto dos praticantes pelo esporte. Nas modalidades coletivas, ao se perceber que o princípio metodológico de ensino por meio da abordagem analítico-sintética (quando o foco está na execução técnica) era limitado, surgiram propostas de abordagens que não demandassem primeiro o domínio técnico para depois a compreensão das lógicas do jogo, mas que permitissem que ambos pudessem ser desenvolvidos em conjunto, tanto utilizando jogos (como na abordagem global-funcional) como em situações específicas de jogo (abordagem situacional-cognitiva) (Menezes; Marques; Nunomura, 2014).

Dentro da metodologia de ensino em que o jogo ou as situações de jogo são priorizadas, com o trabalho conjunto de elementos técnicos e táticos, nas décadas de 1980 e 1990 passou-se a reconhecer em um cenário internacional a possibilidade de utilizar categorias de jogos com base em suas semelhanças estruturais, em que se observam movimentos corporais e manuseio de equipamentos semelhantes para o agrupamento das modalidades esportivas. Essa categorização, além de ser útil no princípio de transferência de aprendizagem, em que a consciência tática e a compreensão de um jogo pode ser transferida para outros, também auxilia na organização dos currículos (Graça; Mesquita, 2007). Desde então, tem destaque a classificação evidenciada no Quadro 1.3.

Quadro 1.3 Classificação dos jogos com base nos movimentos corporais e manuseio de equipamentos

Categoria	Movimentos corporais essenciais	Manuseio de equipamentos	Exemplos de modalidades
Jogos de alvo	Equilibrar-se	Enviar (lançar ou bater)	Golfe, boliche e bilhar
Jogos de rebater	Correr, saltar, virar e proteger	Enviar (arremessar e rebater) e receber (pegar e agarrar)	Beisebol, softbol e críquete
Jogos de rede/parede	Correr, parar, virar, saltar e proteger	Enviar e preparar para receber	Tênis, voleibol, badminton e squash
Jogos de invasão ou de território	Correr, parar, virar, saltar e proteger	Enviar, receber (agarrar e tomar posse) e reter (driblar e carregar)	Futebol, basquete, rugby e hóquei

Fonte: Elaborado com base em Hopper; Bell, 1999.

A adoção dessa classificação aconteceu especialmente pelo método de ensino de jogos para a compreensão (geralmente mencionado na literatura científica em sua nomenclatura em inglês: Teaching Games for Understanding – TGFU). Esse método parte do princípio de que é fundamental que os praticantes – principalmente as crianças – compreendam como o jogo funciona, tanto no sentido de entender as lógicas que regem seu funcionamento, ao assistir a ele, quanto nos princípios que permitem jogá-lo (Almond, 2015).

Assim, nessa classificação, cada categoria tem regras primárias ou princípios básicos, independentemente da modalidade. Esse aprendizado básico é útil para que os praticantes compreendam os elementos principais do jogo em cada categoria, que podem ser transferidos para diferentes modalidades.

Nos jogos de alvo, por exemplo, o princípio básico é que os participantes devem superar os obstáculos e colocar seus objetos mais próximos do centro do que seus oponentes. Nos jogos de rebater, há dois princípios: os jogadores que rebatem a bola para longe da área de jogo criam a oportunidade de pontuar, ou ainda, podem pontuar quando correm sem que a bola seja pega por um jogador adversário ou que ela chegue a uma área predeterminada antes do jogador que está correndo. Nos jogos de rede/parede, os participantes devem fazer com que o objeto chegue até a área de seus oponentes com maior rapidez do que quando ele voltar para suas próprias áreas. Já nos jogos de invasão ou de território, o ponto acontece quando os jogadores levam um objeto a uma área ou a um alvo específico, quando não estão com a posse do objeto ou quando conseguem parar os adversários sem contato físico considerado ilegal (Hopper, 1998).

Para a construção deste livro, utilizamos como base a classificação acima, com algumas adaptações. A primeira modificação relevante é que não tratamos de *jogos*, mas sim de *modalidades esportivas*, pois abordamos não somente as atividades que reconhecemos serem estratégias importantes de ensino-aprendizagem-treinamento, mas também o significado social, histórico e cultural que elas têm no Brasil e no mundo. A segunda modificação é que optamos por trabalhar jogos de alvo e jogos de rebater dentro de uma mesma categoria: *modalidades esportivas de raquete e taco*. Embora existam outros implementos nos jogos de alvo, eles majoritariamente utilizam raquete e taco. A terceira modificação é a inclusão de dois tipos de modalidades:

modalidades esportivas de expressão corporal, que incluem principalmente as individuais que demandam diferentes capacidades e habilidades físicas; e os *e-sports* (jogos eletrônicos), que apresentam características tanto de jogo quanto de esporte, cuja abordagem se torna fundamental na formação dos professores e dos profissionais de Educação Física.

Nos próximos capítulos, a análise desses cinco grupos de modalidades esportivas (invasão, raquete e taco, rede/parede, expressão corporal e *e-sports*) se dará por meio de compreensões sociais, históricas e culturais, com posterior entendimento da técnica, da tática e dos processos de ensino-aprendizagem, finalizando com as especificidades de algumas modalidades dentro de cada categoria.

Esperamos, com isso, apresentar um panorama rico e diverso de modalidades esportivas, cientes de que alcançar a totalidade delas é uma tarefa impossível. No decorrer dos diferentes capítulos, identificaremos inúmeras possibilidades de práticas de que a educação física e seus profissionais não podem mais abrir mão para proporcionar aos seus alunos e aos participantes um aprendizado adequado.

Síntese

Iniciamos este capítulo evidenciando que o conceito de esporte pode ter um caráter tradicional, que acaba por atingir um número pequeno de práticas e participantes, mas que nos últimos anos tem se renovado para abarcar o entendimento de diversos sentidos, significados e contextos, dada sua penetração nas sociedades. Depois, partimos para a compreensão das diferentes classificações das modalidades esportivas, percebendo que algumas têm uma posição de destaque em relação a outras, especialmente se analisamos sociedades específicas, como a brasileira.

Nessa questão, utilizamos dados do Diagnóstico Nacional do Esporte para evidenciar quais modalidades são mais praticadas no país, classificando-as entre *hegemônicas* e *complementares*. Destacamos que essa classificação pode estar relacionada à evidência colocada pelos Jogos Olímpicos em algumas modalidades em detrimento de outras, mas esse fato sozinho não se sobrepõe a características sociais, culturais, históricas, geográficas e políticas de apropriação das modalidades nos diferentes países.

Por último, ressaltamos a importância de uma vivência diversa de práticas esportivas. Nesse sentido, tem existido um esforço de pensadores da educação física para proporcionar atividades que sejam organizadas de forma a proporcionar prazer aos praticantes e, também, permitir a formação de bons atletas. Uma das formas é o ensino de jogos considerando sua compreensão e a possibilidade de transferência desse entendimento em categorias. Nessa linha, recorremos ao que já existe na literatura para propor algo relativamente novo neste livro, com base na classificação em cinco grupos de modalidades esportivas: invasão, de raquete e taco, de rede e muro, de expressão corporal e os jogos eletrônicos, ou *e-sports*.

Quadro 1.4 Propostas deste livro em relação a Hopper e Bell (1999)

Hopper e Bell (1999)	Este livro
Ensino de jogos para compreensão	Modalidades esportivas complementares
Estratégias de ensino-aprendizagem-treinamento	Significados social, histórico e cultural, somados às estratégias de ensino-aprendizagem-treinamento
Quatro categorias: - Jogos de alvo - Jogos de rebater - Jogos de rede/parede - Jogos de invasão ou território	Cinco categorias: - Modalidades esportivas de invasão - Modalidades esportivas de raquete e taco - Modalidades esportivas de rede e muro - Modalidades esportivas de expressão corporal - *e-sports*

⫶⫶⫶ *Indicação cultural*

Documentário

BRASIL: o país do vôlei. **Almanaque dos Esportes**. Rio de Janeiro: SporTV, 19 jan. 2015. Programa de televisão.

Transmitido antes da realização dos Jogos Olímpicos do Rio de Janeiro em 2016, esse documentário aborda a chegada do voleibol no Brasil até o período mais recente de conquistas internacionais por equipes brasileiras. Se incorporarmos os conceitos vistos neste capítulo, podemos dizer que o documentário evidencia a trajetória histórica de apropriação da modalidade na cultura brasileira, bem como as estratégias para aumentar sua visibilidade no cenário nacional, tornando-se a segunda modalidade mais hegemônica do país, somente atrás do futebol. Na série de documentários, também existem produções sobre as modalidades natação, basquete, boxe, atletismo, judô, canoagem, vela, remo e futebol, que ajudam a conhecer características e processos de desenvolvimento das diferentes realidades de modalidades hegemônicas e complementares no Brasil.

▪ *Atividades de autoavaliação*

1. De acordo com a definição tradicional, esporte é uma atividade física que:

   a) não possui regras.
   b) possui recompensas internas, mas não externas.
   c) tem o caráter de competição, com regras e instituições que as implementam.
   d) tem regras variáveis em diferentes países e em diferentes modalidades.
   e) pode ter regras flexíveis, considerando-se o contexto em que é praticado.

2. Sobre a definição tradicional e polissêmica de *esporte*, assinale a alternativa correta:
   a) A definição polissêmica de *esporte* defende que ele é uma prática competitiva com gasto energético muscular.
   b) A definição tradicional de *esporte* exclui práticas que não evidenciam esforço físico, sendo que elas são consideradas pela perspectiva polissêmica.
   c) O conceito polissêmico de *esporte* entende que crianças praticando uma atividade em contexto informal não fazem esporte.
   d) Na visão de autores que defendem o conceito tradicional, automobilismo e xadrez são considerados *esportes*.
   e) A consideração dos diferentes objetivos da prática é o fator que diferencia a definição tradicional da polissêmica de *esporte*.

3. Considerando possíveis critérios para classificação de modalidades esportivas, marque V para os itens verdadeiros e F para os falsos.
   ( ) Capacidades físicas mobilizadas.
   ( ) Seriedade dos praticantes.
   ( ) Material ou instrumentos utilizados.
   ( ) Demanda bioenergética.

   Assinale a alternativa que apresenta a sequência correta:
   a) V, V, V, F.
   b) V, F, F, V.
   c) F, V, F, V.
   d) V, V, F, V.
   e) V, F, V, V.

4. Com base na classificação conforme o número de praticantes de modalidades esportivas no Brasil em 2013, associe as modalidades hegemônicas e complementares.

1) Hegemônicas
2) Complementares

( ) Futebol
( ) Artes marciais
( ) *Skate*
( ) Surfe
( ) Voleibol
( ) Natação

Assinale a alternativa que apresenta a sequência correta:

a) 1, 2, 2, 2, 1, 1.
b) 1, 1, 2, 2, 1, 2.
c) 2, 1, 2, 1, 2, 1.
d) 2, 1, 1, 2, 2, 1.
e) 1, 2, 1, 2, 1, 1.

5. Analise as considerações a seguir, que dizem respeito à importância da compreensão das modalidades esportivas complementares:

I. Promovem uma experiência diversificada na Educação Física escolar, que pode ser levada para a vida adulta.
II. Fortalecem as modalidades que já são conhecidas pela maioria das pessoas.
III. Permitem que a formação em Educação Física possa lidar com diferentes aspectos do esporte como parte da cultura corporal.
IV. Possibilitam que os praticantes se especializem quando crianças em uma modalidade esportiva.

São corretas as afirmativas:

a) I e II.
b) I e III.
c) II e IV.
d) II e III.
e) I, II e IV.

▪ *Atividades de aprendizagem*

Questões para reflexão

1. Considere a afirmação a seguir: As modalidades esportivas experimentadas na escola influenciam os gostos esportivos na vida adulta.

   Agora, pense em argumentos favoráveis e contrários a essa afirmação, considerando sua experiência pessoal, bem como a de familiares e de amigos, e, também, o que foi discutido neste capítulo.

2. Reflita sobre a hegemonia da modalidade futebol no Brasil. De que modo isso influencia a atuação de licenciados e bacharéis em Educação Física? O que pode ser feito para diminuir esses impactos?

Atividade aplicada: prática

1. Crie uma lista de todas as modalidades esportivas de que você consegue se lembrar. Depois, volte a ler este capítulo e complete a lista com aquelas de que você eventualmente tenha se esquecido. Classifique as modalidades listadas em cinco grupos: de invasão, de raquete e taco, de rede/parede, de expressão corporal e jogos eletrônicos ou *e-sports*. Para facilitar, registre essa divisão no quadro disponível na seção "Anexo" e atualize-o durante a leitura do livro. Ao terminar de lê-lo, você perceberá as inúmeras modalidades esportivas existentes, que podem inspirar a criação de atividades ou de jogos com diferentes grupos em sua prática profissional.

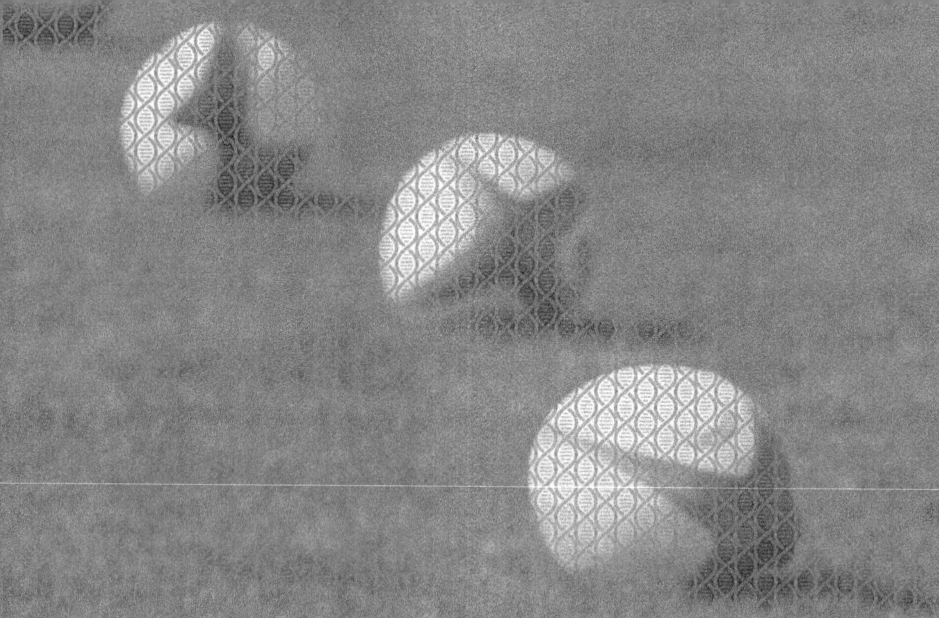

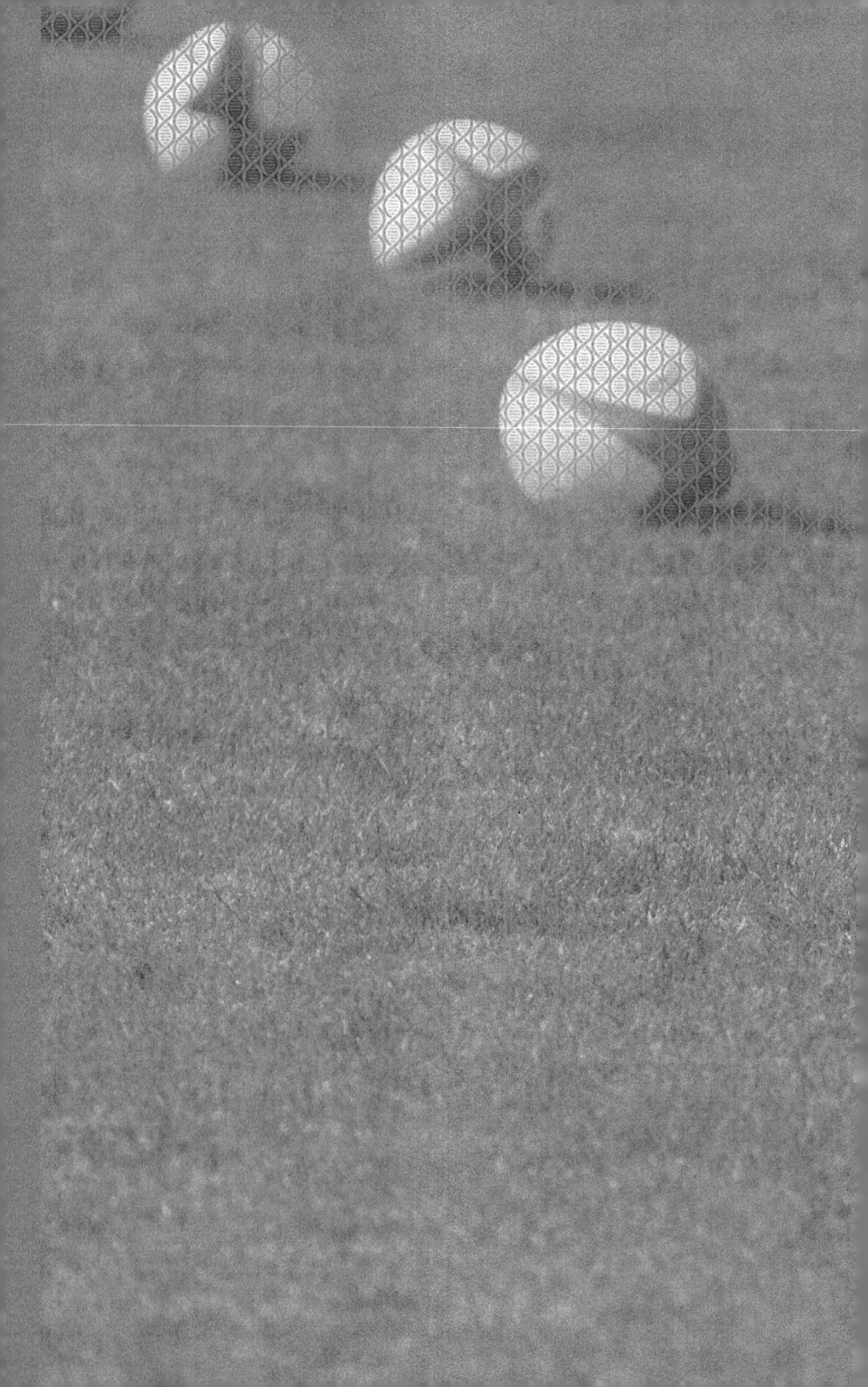

Capítulo 2

Modalidades esportivas de invasão

N **este capítulo,** vamos discorrer especificamente sobre os esportes de invasão ou de território. Antes, vamos relembrar o trecho do capítulo anterior no qual mencionamos a classificação das modalidades esportivas com base nos movimentos corporais e no manuseio de equipamentos.

Como dissemos, os jogos de invasão são modalidades em que os participantes têm por objetivo levar um objeto (bola ou disco) a uma área ou alvo específico para marcar um ponto (*touchdown*, gol, cesta), e, quando não estão com a posse do objeto, devem proteger sua meta.

Assim, compreendemos que a categoria dos esportes de invasão é constituída por diversos esportes, como futebol, basquetebol, rugby, polo aquático, corfebol e outros. Com base nesses exemplos, percebemos que algumas modalidades são mais ou menos incorporadas em diferentes sociedades. Por exemplo, nos Estados Unidos, o hóquei é hegemônico e o futsal é complementar, enquanto no Brasil o hóquei é complementar e o futsal é hegemônico.

Por isso, além da discussão sobre os elementos sócio-históricos e culturais das modalidades de invasão, este capítulo traz outros critérios para que você possa compreender a essência dessa categoria, como os fundamentos técnicos e táticos, o processo de ensino-aprendizagem e algumas de suas especificidades.

2.1 Elementos sócio-históricos e culturais das modalidades esportivas de invasão

O esporte é considerado uma das maiores manifestações culturais do mundo, e sua relação com a sociedade envolve uma série de elementos sócio-históricos. No entanto, o esporte como manifestação cultural é um assunto extremamente amplo e, para que possamos realizar uma interpretação mais aprofundada do tema, é necessário delimitar nosso objeto de estudo. Neste capítulo, centraremos nossa atenção no entendimento das modalidades de invasão, buscando compreendê-las sob as dimensões das categorias hegemônicas e complementares.

No capítulo anterior, analisamos alguns dados apresentados pelo *Diagnóstico Nacional do Esporte* – Diesporte (Brasil, 2013), constatando o futebol como a principal modalidade lembrada ou praticada pelos brasileiros. Entretanto, é importante observar que, historicamente, o futebol, antes de ser jogado, assistido ou discutido pela maioria da população nacional como é atualmente, era uma modalidade desconhecida e praticada somente pela parte da sociedade considerada elite, ou seja, quando ele chegou ao Brasil, somente era jogado pela classe social mais favorecida. Passado algum tempo, alguns clubes ou agremiações esportivas foram inserindo operários e classes baixas em um cenário futebolístico. Desde então, o futebol foi se tornando um esporte praticado entre as diferentes classes sociais e, assim, popular no país.

No entanto, apesar de ser uma modalidade hegemônica no Brasil, em outras culturas o futebol é considerado complementar quando comparado a outros esportes. Como exemplo, podemos destacar a supremacia do rugby na África do Sul e na Nova Zelândia e a preferência norte-americana e canadense pelo futebol americano ou pelo hóquei de grama em determinados países asiáticos. Essas modalidades, que nessas regiões são consideradas hegemônicas, no Brasil, são classificadas como *complementares*.

Curiosidade

A Índia ganhou mais da metade das medalhas de ouro no hóquei de grama distribuídas na história dos Jogos Olímpicos (COB, 2009).

Outras modalidades esportivas de invasão, como corfebol, floorball, lacrosse e ultimate frisbee, entre outras, também são consideradas complementares em nosso contexto sociocultural. Ainda que muitas delas tenham confederações responsáveis pela organização de competições entre equipes nacionais ou da seleção brasileira, a representatividade em nível competitivo internacional é menor quando comparado a outras nacionalidades. Nesse sentido, as organizações institucionais buscam apoio dos recursos públicos e privados, além de divulgação midiática para promover o desenvolvimento e a expansão desses esportes pelo território brasileiro.

Comparada ao hóquei no gelo, porém com menos contato físico, o *floorball* foi desenvolvido originalmente na Suécia por volta da década de 1970 e, desde então, é praticado por grande parte de sua população. Chegou ao Brasil no início dos anos 1990 por meio de um grupo restrito de suecos residentes no estado de São Paulo, que implementou a prática desse esporte em clubes e como ferramenta de inclusão social em entidades filantrópicas (Floorball Brasil, 2018).

Apesar de ser um esporte jogado em mais de oitenta países, no Brasil o *floorball* é uma modalidade pouco conhecida e praticada pela população. De acordo com as informações do *site* oficial do esporte (Floorball Brasil, 2018), apenas seis cidades de diferentes estados brasileiros (Campinas, SP; Campo Largo, PR; Itaberaí, GO; Rio de Janeiro, RJ; Santana, AP; e São Paulo, SP) oferecem a prática em associações desportivas.

Já o corfebol, fundado na Holanda em 1902 pelo professor de Educação Física Nico Broekhuvesen, é uma das poucas modalidades praticadas de forma mista, ou seja, por atletas dos sexos masculino e feminino na mesma equipe. É o quarto esporte mais jogado na Holanda e popular em outros países da Europa, da Ásia e da Oceania, como Bélgica, Alemanha, Portugal, China e Austrália, mas, no Brasil, não conseguiu grande destaque ou adesão da sociedade. Apesar de ser uma modalidade interessante para ser trabalhada como conteúdo nas aulas de Educação Física, em função da exigência da formação de equipes mistas, o corfebol é pouco conhecido e explorado na cultura brasileira (Soares; Mota, 2010).

> **Para saber mais**
>
> No corfebol, vence a equipe que marcar mais pontos colocando a bola na cesta, como no basquete. Cada equipe tem quatro homens e quatro mulheres, divididos em casais. A bola também é de outro esporte: o futebol (modelo número 5).
>
> Para saber mais sobre esse esporte, acesse o site da International Korfball Federation (IKF). Disponível em: <https://ikf.org/>. Acesso em: 26 fev. 2019.

Em relação à contextualização histórica e social de cada esporte, destacamos o argumento de Martins (2016, p. 21), enfatizando que

> O esporte tem sua evolução, valores e conquistas atrelados à sociedade em que se insere, ou seja, é uma prática que deve ser contextualizada no tempo e no espaço da sua socialização. É um fenômeno sociocultural que domina e sofre influência e, muitas vezes, seus problemas são os mesmos imbuídos da própria sociabilidade. Cada vez mais o esporte se torna parte do nosso mundo social.

Consideramos, então, que uma série de modificações históricas, influenciadas por elementos culturais, econômicos, políticos e midiáticos, fizeram com que, na atualidade, algumas modalidades tenham uma posição de maior ou de menor destaque em determinados países.

2.2 Fundamentos técnicos das modalidades esportivas de invasão

Os principais requisitos para que um jogador ou atleta tenha sucesso em um jogo, seja ele um esporte educacional, seja de participação ou de rendimento, devem-se a fatores relacionados ao domínio das habilidades técnicas ou à tática individual ou coletiva. No âmbito do esporte profissional, é muito comum verificarmos certos atletas com maior destaque na mídia esportiva. Alguns deles são considerados os craques do jogo, ou, para aqueles que conseguem manter maior regularidade, são eleitos como os melhores jogadores de uma copa ou de um campeonato. Nesse sentido, podemos considerar que essa prevalência aconteça em razão do domínio e da execução dos fundamentos técnicos específicos da modalidade esportiva praticada por esse atleta.

Tomando o futebol ou o basquete em nível internacional como exemplos, que nomes de atletas desses esportes nos vêm de imediato? No futebol, provavelmente, Messi, Cristiano Ronaldo, Neymar ou Pelé; já no basquete, LeBron James, Magic Johnson ou Michael Jordan, não é mesmo? Sabemos que todos esses atletas ganharam grande destaque na mídia por causa dos resultados obtidos no esporte, seja com lances de habilidades técnicas (dribles, finalizações/arremessos e outros) que resultaram em gols ou pontos, seja com vitórias e títulos conquistados.

> Por exemplo, num jogo de futsal, quando o jogador recebe a bola não pode simplesmente sair chutando ao gol, tem que ver se dá ou não para fazer isso! Então, a primeira ação, antes de chutar (começando antes mesmo de receber a bola), é 'levantar a cabeça' e 'olhar' os colegas, os adversários, o gol, os espaços livres... 'ler o jogo', e aí 'decidir' o que é mais conveniente fazer: passar para o colega, conduzir a bola, tentar um drible, chutar a gol. Tudo isso muito rápido! (González; Darido; Oliveira, 2017, p. 32)

Ao fazer uma análise desses atletas, devemos compreender que a habilidade técnica para a execução dos fundamentos não ocorre de forma isolada, ou seja, envolve diversas capacidades físicas, como velocidade, força, explosão e agilidade, entre outras, que, somadas às aptidões técnicas, favorecem possíveis vantagens em relação ao adversário em lances realizados durante o jogo. Destacamos, ainda, as habilidades cognitivas, as quais estão diretamente relacionadas aos gestos técnicos. Por meio delas, o atleta toma as decisões corretas em cada lance em que está com ou sem a bola.

Portanto, como mencionamos anteriormente, essas habilidades não ocorrem de forma isolada, isto é, elas estão diretamente ligadas umas às outras. Por exemplo, não adianta o jogador tomar a melhor decisão em determinada situação do jogo e errar a execução do fundamento (passe ou finalização/arremesso); ou, na tentativa de realizar um drible a mais sobre o adversário, perder o espaço/ângulo para finalização/arremesso ao alvo.

Ainda que cada modalidade esportiva tenha suas características próprias, nas quais prevalecem a utilização das mãos (basquete), dos pés (futsal) ou ambos (rugby) para chegar ao objetivo principal, que é a realização de um ponto (cesta ou gol), alguns fundamentos técnicos são empregados na maioria dos esportes de invasão, como a **posse** do objeto (bola ou disco). Ou seja, para chegar à meta adversária, é necessário que a equipe ofensiva mantenha ou construa uma jogada de ataque mantendo a posse de bola. Esse fundamento (posse de bola) envolve uma série de outros elementos técnicos individuais ou coletivos entre os atletas da mesma equipe, como condução da bola, passes, lançamentos, chutes e dribles.

Entretanto, ao mesmo tempo que uma equipe se prepara para atacar o adversário, deve tomar cuidado para não perder o objeto (bola ou disco), o que pode propiciar um contra-ataque do outro time. Nesse sentido, outro fundamento característico dos jogos de oposição é o **desarme**, popularmente conhecido como *roubada de bola* nas modalidades que utilizam esse tipo de objeto.

Vamos exemplificar com o jogo de futsal, no qual são dez jogadores em quadra divididos em duas equipes disputando a posse de bola. Enquanto cinco jogadores correm com a bola para atacar, os outros cinco, que não têm a posse de bola, correm para se defender. O time que faz o ataque deve ter domínio de outros fundamentos, como passe, drible e condução. A equipe que se defende, por sua vez, busca pegar a bola por meio de fundamentos como **desarme** ou **proteção**, de forma que intercepte um passe ou um drible.

Para uma melhor compreensão dos fundamentos técnicos das modalidades de invasão, que, embora tenham suas especificidades, apresentam características muito semelhantes – que podemos considerar fundamentos em comum –, apresentamos o conceito de cada um deles segundo Galatti (2006, p. 45-46).

Quadro 2.1 Fundamentos técnicos das modalidades de invasão

Domínio de Corpo	Presente em todas as modalidades esportivas, pode ser entendido como a execução de gestos e movimentos em resposta às exigências cinestésicas do próprio jogo. Paes (2001) destaca três aspectos básicos para os jogos esportivos coletivos, sendo eles: saída rápida, parada brusca e mudança de direção. Além destes, podemos citar como exemplos: variados deslocamentos para frente, para trás e lateralmente.
Manipulação de Bola	Este fundamento envolve [...] as mãos ou pés [...]. Assim, conhecer e utilizar variadas bolas com diferentes partes do corpo é a essência deste fundamento, sendo citadas as seguintes possibilidades: rolar, tocar, quicar, chutar, segurar, lançar, trocar de mãos e pés, deslizá-la pelo corpo e movimentá-la em relação a diversos planos do corpo.
Passe-Recepção	Trata-se de um fundamento de ataque, com o objetivo de manter a posse de bola e/ou aproximar-se do alvo. Certamente cada modalidade tem seus principais tipos de passe e modelos de execução [...]. Assim, o bom passe será aquele que, no decorrer de um jogo, [a bola] chegue até o companheiro de ataque em condições para que este consiga recepcioná-la Pode ser de curta, média ou longa distância, com mãos, braços, pés, pernas, peito, cabeça ou com o auxílio de outros materiais, como tacos [hóquei de grama ou gelo].
Drible	A exemplo do passe, o drible é um fundamento de ataque, com o objetivo de manter a posse de bola e/ou aproximar-se do alvo. Envolve a condução da bola com os pés ou com as mãos, impulsionando-o contra o solo com uma ou ambas as mãos. Pode-se usar também um equipamento para a condução da bola ou outro implemento, tal qual os tacos utilizados no hóquei e beisebol, entre outros.

(continua)

(Quadro 2.1 – conclusão)

Finalização	Ou conclusão das ações ofensivas, é o ato de lançar a bola em direção ao alvo [trave ou cesta], a fim de marcar pontos ou gols. Os diferentes tipos de finalização podem ser bastante complexos; assim, o professor não deverá exigir a execução de técnicas predeterminadas do seu aluno, mas sim permitir o desenvolvimento desta habilidade no decorrer das aulas, respeitando as condições, possibilidades e criatividade de cada um para marcar pontos ou fazer gols.

Fonte: Galatti, 2006, p. 45-46.

Podemos considerar que os fundamentos técnicos das modalidades de invasão apresentam características bastante semelhantes em sua execução, que envolve duas situações: atacar a meta do adversário ou defender a própria meta. Enfatizamos também que os esportes de invasão abrangem várias situações que exigem tomadas de decisão no decorrer de um jogo, por isso, é muito comum que o atleta se depare com situações do tipo: driblar ou fazer o passe, fazer o passe ou chutar/arremessar em direção à meta, ou, ainda, decidir para qual companheiro de equipe vai passar a bola. Por isso, são necessários alguns procedimentos metodológicos e pedagógicos referentes à fundamentação tática que facilitem a compreensão das tomadas de decisão dos atletas.

2.3 Fundamentos táticos das modalidades esportivas de invasão

Nesta seção, abordaremos os fundamentos táticos das modalidades de invasão, enfatizando algumas características táticas gerais sobre esse grupo. Vimos anteriormente que as modalidades esportivas classificadas como de invasão (à exceção do xadrez) são caracterizadas por jogos coletivos, ou seja, são compostas por um grupo de jogadores de uma mesma equipe cujo objetivo é levar o objeto (bola ou disco) a uma área ou alvo específico para marcar um ponto (*touchdown*, gol ou cesta) e, ao mesmo tempo, proteger sua meta. Percebemos que o jogo é dividido em duas situações: uma quando a equipe tem a posse do objeto e outra quando ela não a tem. Dessa forma, as equipes buscam estratégias e táticas coletivas para atacar ou defender.

Antes de apresentar formas ou modelos de estratégias ofensivas e defensivas, é importante enfatizar que as modalidades esportivas de invasão são compostas por atletas que têm características próprias (técnicas ou físicas) e, dentro disso, são direcionados a determinadas posições e lhe são atribuídas funções para serem executadas durante o jogo. Vamos exemplificar com o basquete, que é uma modalidade praticada por cinco jogadores em cada equipe em uma quadra com dimensões de 28 m × 15 m. Nesses espaços, os atletas são divididos em posições com as seguintes funções:

Quadro 2.2 Posições e funções no jogo de basquete

Posição n.	Nome da posição	Função do jogador
1	Armador ou armador-organizador (*pointing guard* em inglês)	Conduzir a bola e organizar o ataque.
2	Armador-arremessador, segundo armador ou ala-armador (*shooting guard* em inglês)	Auxiliar na organização do ataque, na condução da bola e nos arremessos distantes da cesta.
3	Ala ou ala menor (*forward* ou *small forward* em inglês)	Arremessos de longa e média distância, e tentativas de invadir o garrafão.
4	Ala maior, ala de força, ala-pivô ou pivô de cima (*power forward* em inglês)	Arremessos mais próximos ao garrafão, disputa de rebotes.
5	Pivô (*center* em inglês)	Arremessos dentro do garrafão, disputa de rebotes.

Fonte: Darido; Souza Júnior, 2015, p. 66.

Utilizamos o exemplo do basquete para mostrar as diferentes posições utilizadas nessa modalidade. Em cada uma dessas posições, são definidas funções específicas para cada jogador em espaços específicos do campo ou da quadra. Essas funções são distribuídas conforme as características físicas ou técnicas dos atletas. Assim, os mais altos da equipe, por exemplo, geralmente jogam na posição de pivô, o que pode gerar vantagem em disputas de rebotes. Já os jogadores que atuam na função de armadores, embora tenham estatura mais baixa como característica física, apresentam outras habilidades técnicas e físicas que contribuem para arremessos de longa distância ou para a organização de um ataque.

As demais modalidades coletivas de invasão também são compostas por atletas com características técnicas ou físicas individuais, responsáveis por determinadas funções ou posicionamentos em áreas específicas do campo ou da quadra.

É importante destacar que, conforme a posição de cada jogador, ele deve ter ciência de suas atribuições com ou sem a posse de bola. Por exemplo, em um lance de falta no futebol, deve se perguntar "Quais atletas formam a barreira?", ou, no escanteio, "Quem fica no primeiro poste"?, "Marcar o jogador ou a bola?".

Diante disso, conforme a especificidade e as regras oficiais de cada modalidade, são realizadas algumas organizações táticas que visam a determinados princípios operacionais de defesa ou ataque. Segundo Galatti (2006, p. 46, grifo do original),

> *Os princípios operacionais de Bayer [1994] se dividem em defensivos e ofensivos, sendo os* **Defensivos**:
>
> - *Proteger o alvo;*
> - *Impedir a progressão do adversário;*
> - *Recuperar a posse de bola.*
>
> *Os* **Ofensivos**, *por sua vez, seriam:*
>
> - *Conservar a posse de bola;*
> - *Progredir em direção ao alvo;*
> - *Finalizar e marcar pontos.*

Além desses critérios, há os princípios de transição, "que é a passagem da quadra defensiva para a ofensiva ou da ofensiva para a defensiva" (Galatti, 2006, p. 44), destacando ainda

> Como ofensivos temos: saída rápida e organizada para o ataque na intenção de criar a superioridade numérica avançando de forma distribuída em direção à cesta adversária e, sempre que possível, finalizar rapidamente. Quanto aos princípios defensivos da transição, destacamos a recuperação defensiva individual e coletiva de forma sistematizada, rápida e combinada, assim como a preocupação em não permitir a inferioridade numérica em relação ao número de atacantes. (Ferreira; Galatti; Paes, 2005, p. 130)

Analisando os princípios ofensivos e defensivos, verificamos que, para atacar, a equipe busca ampliar ou aprofundar a quadra ou o campo e, para se defender, procura compactar ou concentrar seus jogadores em determinados espaços dentro dos princípios da utilização das regras da modalidade esportiva em específico (Delamore, 2016).

Assim, algumas estratégias táticas são implantadas como uma proposta de jogo na qual se levam em consideração fatores relacionados às características físicas ou técnicas do adversário. Analisemos agora os tipos de defesa das modalidades de invasão:

Quadro 2.3 Tipos de defesa das modalidades de invasão

Marcação por zona	Defender por zona é dividir o campo em zonas, aproximar os setores quanto à profundidade e reduzir os espaços entre os jogadores quanto à largura do campo/quadra, aproximando-os e movimentando-os de um lado para o outro.
Marcação individual	Diferentemente da marcação por zona, a marcação individual (corpo a corpo) pressupõe o acompanhamento do respectivo adversário pelos diversos setores do campo ou da quadra.
Marcação mista	A marcação mista ocorre quando existe a marcação individual em um jogador específico, enquanto o restante da equipe mantém a marcação por zona.

Fonte: Elaborado com base em Darido; Souza Júnior, 2015.

As estratégias de jogo, que têm a finalidade de proteger a meta ou provocar o erro do adversário para recuperar a posse da bola, são elaboradas utilizando-se esses tipos de marcação. Já os princípios operacionais ofensivos buscam desenvolver táticas para manter a posse de bola e criar situações de invasão ao território adversário para alcançar a meta. Para isso, são necessárias transições e jogadas rápidas, exigindo do atleta, de forma individual ou coletiva, capacidade física, habilidades técnicas e tomadas de decisão corretas.

De modo geral, buscamos, nesta seção, descrever algumas características táticas das modalidades de invasão. Destacamos as semelhanças e as diferenças das práticas desse grupo, principalmente no que se refere ao que os jogadores devem fazer quando estão ou não com a bola durante o jogo.

Assim, para compreender as estratégias de determinada equipe, é necessário conhecer as regras e o objetivo a ser atingido por ela, levando em consideração sua capacidade técnica e física. Observamos, também, que os elementos técnicos e táticos são essenciais para a prática das modalidades de invasão, e, diante disso, os profissionais de Educação Física devem refletir sobre o ato de ensiná-las e aprendê-las, sobretudo no processo de iniciação esportiva.

Curiosidade

Até o final dos anos 1980, o esporte sempre foi considerado o principal conteúdo da Educação Física escolar. Havia, inclusive, uma inversão de valores entre eles, pois o esporte não era visto como parte da Educação Física, e sim esta como elemento daquele.

2.4 Processo de ensino-aprendizagem das modalidades esportivas de invasão

As experiências com o esporte podem se caracterizar como um processo de ensino formal ou informal e serem adquiridas em diferentes espaços ou contextos.

As mudanças ocorridas em espaços geográficos em virtude da expansão e do crescimento imobiliário dos grandes centros urbanos afetaram o processo de iniciação esportiva. Se, antes, as crianças tinham espaços (terrenos baldios, campos, a própria rua, entre outros) para praticar livremente determinados esportes, nos dias de hoje, cada vez mais o contato com a iniciação esportiva é desenvolvido de maneira direcionada ou orientada por profissionais da Educação Física dentro de centros esportivos, clubes ou na escola (nas aulas de Educação Física ou em atividades extracurriculares).

Assim, é necessário refletir sobre as contribuições que o profissional de Educação Física exerce no desenvolvimento e na formação da criança. Quais são os métodos de planejamento e execução das atividades no processo de iniciação esportiva? O que se espera que cada aluno atinja durante as aulas de Educação Física?

Diante desses questionamentos, vamos contextualizar alguns métodos de ensino que fizeram parte da Educação Física escolar ou da iniciação esportiva. Desde o início do período militar até o fim dos anos 1980, o esporte foi o principal conteúdo das aulas de Educação Física, com prática caracterizada por repetições mecânicas de movimento, normas rígidas, aperfeiçoamento da técnica e exclusão de alunos considerados "menos habilidosos" em determinadas modalidades. Durante todo esse período, a Educação Física ficou conhecida por se fundamentar em uma metodologia chamada ***esportivista***.

Já em relação à iniciação esportiva, autores como Coutinho e Silva (2009), citados por Espitalher e Navarro (2014, p. 249), enfatizam que "por muitos anos o processo de ensino-aprendizagem teve como método de ensino o sistema analítico-sintético, que se caracterizava por fragmentar em partes os esportes iniciando pela aprendizagem em partes, fundamento por fundamento, até chegar ao jogo propriamente dito". Nesse sentido, todo o processo era focado no comando do professor, caracterizando um ensino rígido, enérgico e com caráter imitativo. Esse método, também conhecido como **tecnicista**, foi construído sobre as bases do treinamento desportivo, para o qual os professores tinham como base o ensino de técnicas do esporte para adultos adaptadas para crianças.

Ao final dos anos 1980, com o término do regime militar, surgiram novas abordagens metodológicas para a Educação Física escolar, o que contribuiu para a reestruturação de métodos ou de propostas de treinamento na iniciação esportiva.

Entre as propostas que se opõem ao método tecnicista, destacamos a **pedagogia do esporte**, considerada uma área que discute não só as possibilidades de como ensinar os esportes mas também os motivos de ensiná-lo em suas diversas formas de manifestação. Inicialmente discutida e pesquisada em Portugal, onde é denominada *pedagogia do desporto*, a pedagogia do esporte é "A vertente que se preocupa com o estudo sistemático dos aspectos educacionais e dos processos de ensino e aprendizagem e da prática pedagógica relacionados ao esporte" (Rufino; Darido, 2012, p. 283).

Outros autores, como Reverdito, Scaglia e Paes (2009), consideram a pedagogia do esporte uma área das ciências do esporte que surgiu com o crescente interesse pelas práticas corporais, visando compreender o fenômeno esportivo por meios pedagógicos e educacionais. Bento (1995, p. 82) enfatiza que a pedagogia do desporto visa "analisar, interpretar e compreender as diferentes formas de ação lúdico-desportivas à luz de perspectivas pedagógicas" e é, por isso, uma ciência da ação, "confrontando-se com a complexidade de questões pedagógicas que despontam da prática". Rufino e Darido (2012, p. 284) consideram que "A pedagogia do esporte preocupa-se com o estudo sistemático dos processos de ensino e aprendizagem relacionados aos esportes". Bento, Garcia e Graça (1999), citados por Rufino e Darido (2012, p. 284), nos trazem a reflexão de que a pedagogia do esporte precisa ser uma pedagogia de qualidade sobre o esporte, suas práticas e seus praticantes. Finalmente, é preciso haver uma pedagogia das razões de educar o homem, também *no* e *pelo* esporte.

Na mesma linha de raciocínio, Sadi et al. (2004) apresentam algumas conclusões sobre como a criança e o adolescente jogam, brincam ou se organizam no esporte. Os autores elencam três conclusões que podem ser obtidas ao se analisar o processo de ensino-aprendizagem de um esporte:

Quadro 2.4 Processo de ensino-aprendizagem do esporte: conclusões

1ª conclusão	2ª conclusão	3ª conclusão
É fundamental para as crianças a oportunidade de realizar movimentos. Em um jogo, é muito mais produtivo tocar várias vezes na bola do que ficar esperando para jogar. As experiências são contadas pelo número de vezes que temos contato com bolas, espaços, tempos, trocas etc.	A aprendizagem muitas vezes não acontece de uma hora para a outra, mas depois de um processo interno que torna os gestos automáticos, como dirigir um carro.	Por **convenções sociais**, cada jogo, cada esporte, tem suas questões específicas, seus arremessos, saltos, lançamentos, chutes e cabeceios. Essas aprendizagens ocorrem, no início, por imitação, tornando-se, depois, convenções.

Fonte: Sadi et al., 2004, p. 9, grifo do original.

Em relação aos conceitos destacados pelos autores, consideramos que o processo de ensino-aprendizagem no esporte deve partir de uma prática pedagógica que priorize, além dos métodos, procedimentos nos quais a preocupação central esteja voltada ao desenvolvimento da criança, estimulando-a a identificar e a resolver problemas e, ainda, proporcionando sua criatividade e sua percepção do jogo.

Agora que compreendemos os princípios da pedagogia do esporte, apresentaremos algumas propostas de atividades para responder aos questionamentos feitos anteriormente.

Para isso, além das contribuições dos autores já citados, tomando como referência Garganta (1995), apresentamos um modelo de ensino de jogos esportivos coletivos para as modalidades específicas deste capítulo, classificadas como *de invasão*. Esse modelo de ensino busca garantir os princípios operacionais que regulam a aprendizagem dos praticantes por meio de um processo de etapas crescentes, ou seja, trata-se de uma proposta de atividades da mais simples para a mais complexa que utiliza uma metodologia de trabalho que procura garantir a dinâmica do jogo, em que a dimensão técnica não se dissocia da tática. Dessa forma, são sugeridas as seguintes situações, considerando-se os diferentes níveis de relações que podem ser estabelecidas entre o aluno, a bola (ou disco), os companheiros de equipe e os adversários:

- **Eu-bola** – É representada por atividades em que o aluno está se familiarizando com a bola e com o seu controle como, por exemplo, sua condução, sua recepção, seu domínio, entre outras situações.
- **Eu-bola-alvo** – Pressupõe que a atenção do aluno seja voltada para o objetivo do jogo, ou seja, a finalização. A intenção é que ele conduza a bola em direção ao alvo, realizando chutes, arremessos e cabeceios, tanto com a bola parada quanto com ela em movimento.
- **Eu-bola-adversário** – Combina situações em que são exigidas habilidades, como na conquista e no amparo da posse da bola (um contra um) e na busca da finalização.
- **Eu-bola-colega(s)-adversário(s)** – Tem como objetivo o jogo a dois, buscando garantir o controle da bola com um

colega ou com mais (em trios, quartetos, quintetos etc.). Propõe-se o confronto entre os alunos para que aprendam a desenvolver ações cooperativas de defesa (melhorar a marcação) em diferentes situações de circulação da bola (linhas de passe) para aumentar as opções de jogo. Assim, podem ser propostas atividades em espaços reduzidos de jogo com diferença numérica superior da equipe de ataque em relação à de defesa, além de transições ou movimentações defensivas.

- **Eu-bola-colega(s)-alvo** – Caracteriza-se por propostas de situações de ataque com finalização e não são previstas, ainda, a marcação por parte dos jogadores adversários.
- **Eu-bola-colega(s)-adversário-alvo** – Representa o momento do jogo completo. Aqui, enfatiza-se o alvo a ser alcançado pela equipe atacante e que precisa ser protegido pela equipe defensiva, característica própria dos jogos de invasão.

Nesses exemplos, a bola é citada como *objeto de jogo*, no entanto, reforçamos o mesmo procedimento para as modalidades que utilizam o disco para sua prática, como o ultimate frisbee.

Diante dessas etapas, são propostas situações de aprendizagem das mais simples para as mais complexas, e podemos perceber um modelo de jogo com características dinâmicas para a execução das tarefas. Para facilitar o processo de compreensão e a relação do aluno com o esporte propriamente dito, são destacadas algumas variáveis de organização e de elaboração das atividades envolvendo a estruturação do espaço, a relação com o objeto do jogo (bola ou disco) e a comunicação entre os jogadores da mesma equipe durante uma ação defensiva ou ofensiva do jogo (Garganta, 1995).

Dessa maneira, buscamos trazer algumas concepções de ensino-aprendizagem desenvolvidas em diferentes contextos históricos, apresentando o processo esportivista ou tecnicista e as novas tendências da pedagogia do esporte, para que possamos compreender a necessidade de novas metodologias que tenham como objetivo contribuir com o processo de ensino-aprendizagem dos alunos. Assim, consideramos que os métodos de ensino-aprendizagem estão relacionados com o desenvolvimento individual de cada pessoa e, ao elaborar um plano de ensino, o professor deve levar em consideração as constantes modificações do aluno diante das atividades propostas.

2.5 Especificidades de algumas modalidades esportivas de invasão

Nesta seção, apresentaremos algumas especificidades de modalidades de invasão classificadas como *complementares* em nosso país. Percebendo as possibilidades de prática em espaços escolares, parques e centros esportivos, além de outras estruturas simples, selecionamos duas modalidades – ultimate frisbee e rugby. Abordaremos, também, a história, as principais regras, os equipamentos necessários para a execução e algumas curiosidades sobre esses esportes.

2.5.1 Ultimate frisbee

Você sabe como surgiu o ultimate frisbee? Onde e como ele foi criado? Com base nas informações do *site* da Federação Paulista de Disco – FPD (Frisbee Brasil, 2019) –, o frisbee surgiu no século XX, por volta de 1940, quando alguns universitários brincavam de arremessar pratos de tortas de uma fábrica americana do estado da Pensilvânia chamada Frisbie's Pies. Nesse período, a prática virou mania entre os jovens, o que levou à fabricação e à comercialização de discos de plástico que pesavam 175 gramas.

Ainda de acordo com dados da FPD, em 2015 o frisbee já contava com mais de 7,5 milhões de praticantes espalhados pelo mundo e com mais de 62 federações em diferentes países

(Frisbee Brasil, 2019). Ele foi reconhecido pelo Comitê Olímpico Internacional (COI) e pôde se candidatar a integrar uma das modalidades nos Jogos Olímpicos e, consequentemente, ganhar maior visibilidade e expandir para outros lugares.

No Brasil, o frisbee chegou no fim dos anos 1980. Desde então, sua prática é concentrada na Região Sudeste do país, mais especificamente no estado de São Paulo, onde ocorre o campeonato brasileiro desse esporte. Apesar de concentrar-se no Sudeste, o frisbee pode ganhar território em outros espaços geográficos, dado que sua prática é uma excelente opção de conteúdo para as aulas de Educação Física ou para clubes sócio-recreativos, pois pode ser desenvolvido em espaços adaptados, como quadras desportivas, pátios de escolas, praças ou espaços de areia, terra ou grama e necessita de poucos materiais (cones ou fitas para demarcação do campo e um disco).

Para falar sobre as especificidades do jogo, utilizaremos estudos realizados por González, Darido e Oliveira (2017). No parágrafo anterior, vimos possibilidades da prática desse esporte em diferentes espaços. É importante observar que a demarcação dos locais deve ser feita em duas áreas de pontuação, chamadas de *end zone* ou *zona de gol* (Figura 2.1), deixando um espaço (zona) maior para a transição dos jogadores durante o jogo.

Assim, o objetivo é fazer com que um membro da equipe receba o disco na área de gol (*end zone*) da equipe adversária. Cada disco recebido nesse local é convertido em ponto, e cada ponto marcado por uma das equipes gera a troca de lados no campo. Os integrantes da equipe de defesa devem adquirir a posse do disco para iniciar um contra-ataque. Nessa "luta", não deve existir contato físico direto e intencional entre os oponentes. A recuperação do disco, em toda a extensão da área de jogo, deve ser realizada pela sua interceptação em seu percurso de voo. Vence a disputa a equipe que tiver marcado o maior número de pontos ao final da partida.

Figura 2.1 Demarcações do campo de frisbee

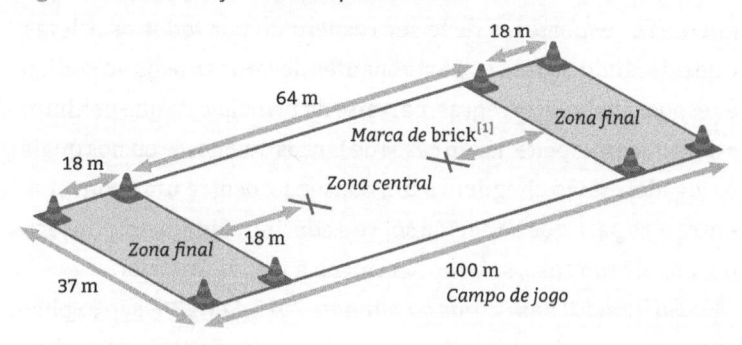

[Figura: campo de frisbee com dimensões — 18 m, 64 m, Marca de brick[1], Zona final, Zona central, 18 m, Zona final, 37 m, 100 m Campo de jogo]

Fonte: WFDF, 2013, p. 3, tradução nossa.

Assim, González, Darido e Oliveira (2014a, p. 280) consideram que:

> O frisbee se caracteriza pela alternância constante de situações de ataque e defesa entre as equipes. Por isso, é um esporte muito dinâmico, em que é necessário perceber a situação de jogo (posicionamento dos companheiros e adversários em relação às áreas de gol – tanto de ataque quanto de defesa) e tomar decisões de forma constante para escolher as melhores ações a realizar.

Curiosidade

O ultimate frisbee é um esporte que não possui árbitros. As regras são utilizadas como guias para sua prática e não podem ser violadas intencionalmente pelos jogadores, em razão do código de honra e do respeito mútuo.

---

[1] "A marca de brick é a intersecção de duas (2) linhas cruzadas de um (1) metro na zona de jogo a dezoito (18) metros de cada linha de gol, e a igual distância de cada linha lateral" (WFDF, 2013, p. 3). A equipe receptora pode escolher colocar o disco em jogo no meio das linhas laterais na marca de *brick* à frente da linha de gol do lado em que está defendendo. O receptor do lançamento (*pull*) deve iniciar estendendo uma mão sobre sua cabeça e falando *"brick"* antes de recolher o disco. Depois, o jogador pode levar o disco ao lugar apropriado, tocá-lo no solo, dizer "disco em jogo" e reiniciar a partida.

O código de conduta é semelhante ao *fair play* no futebol ou em outros esportes, e deve ser respeitado por todos os atletas. Considerando-se que os participantes devem ser leais ao código e responsáveis pelas regras, parte-se do princípio de que nenhum atleta os desrespeite. Já em casos de lances duvidosos ou nos quais os jogadores não cheguem a um consenso, ocorre uma conversa entre eles para que se decida sobre a continuidade ou não do jogo ou, em último caso, se o lance retorna à jogada anterior.

No item 1.3 das *Regras do ultimate 2013 da WFDF*, são explicitadas as regras do código de conduta às quais os atletas de frisbee devem obedecer:

1.3.1. saber as regras;

1.3.2. ser imparciais e objetivos;

1.3.3. ser honestos;

1.3.4. explicar seu ponto de vista de modo claro e sucinto;

1.3.5. dar aos adversários uma oportunidade razoável de se explicarem;

1.3.6. resolver disputas o mais depressa possível utilizando linguagem apropriada;

1.3.7. assinalar faltas de uma forma consistente durante o jogo;

1.3.8. assinalar falta apenas quando esta é suficientemente grave para afetar o resultado da ação. (WFDF, 2013, p. 2)

O ultimate frisbee é um esporte praticado com um disco de 175 gramas que combina a destreza do futebol americano com a finta e a marcação do basquete. Além das regras sobre a arbitragem, outras normas são consideradas essenciais para a compreensão desse jogo (WFDF, 2013):

- Duas equipes de sete jogadores.
- O objetivo do jogo é chegar com o disco até a zona de gol que, fica localizada nas extremidades do campo.
- Os integrantes da equipe atacante passam o frisbee de jogador para jogador. Ao recebê-lo, o atleta deve fixar um pé de pivô (ao estilo do basquete) e passá-lo antes de 10 segundos.

- Os integrantes da equipe de defesa devem impedir que os atacantes recebam o frisbee na zona de gol.
- Um período de jogo termina depois que a equipe faz seus primeiros 9 pontos. O segundo tempo começa e a partida é finalizada quando a equipe completa 17 pontos
- A posse do disco muda de equipe sempre que: (i) ele for lançado para fora da área de jogo; (ii) a equipe de posse do disco deixá-lo cair no chão; (iii) a equipe que está no ataque cometer uma infração.
- Quando o disco cai no solo, é considerada falta do último jogador que realizou o passe.

Com base na Figura 2.1, é importante destacar informações complementares sobre o campo estabelecidas para a prática desse esporte. Conforme o item 2 das *Regras do ultimate 2013 da WFDF*, as dimensões e as demarcações do campo seguem nas seguintes especificações:

2.1. O campo de jogo consiste num retângulo com cem (100) metros de comprimento por trinta e sete (37) metros de largura. [...]
2.2. O perímetro do campo de jogo é marcado pela linha de perímetro que consiste em duas (2) linhas laterais ao longo do comprimento e duas (2) linhas finais ao longo da largura.
2.3. A linha de perímetro não faz parte do campo de Jogo.
2.4. As linhas de gol são as linhas que separam a zona de jogo das zonas de finalização e fazem parte da zona de jogo.
2.5. A marca de brick é a intersecção de duas (2) linhas cruzadas de um (1) metro na zona de jogo a dezoito (18) metros de cada linha de gol, e a igual distância de cada linha lateral.
2.6. Oito objetos flexíveis e coloridos (tais como os cones de plástico) marcam os cantos da zona de jogo e das zonas de finalização.
2.7. As zonas circundantes do campo de jogo devem ser mantidas livres de quaisquer objetos móveis. Se o desenrolar do jogo for de algum modo impedido ou dificultado por não jogadores ou objetos estranhos num raio de três (3) metros das linhas finais, qualquer jogador obstruído ou lançador de posse do disco pode assinalar uma "Violação". (WFDF, 2013, p. 3)

Consideramos que essas são algumas das principais regras oficiais que sintetizam a compreensão da prática do frisbee, o que não impede que sejam feitas adaptações para as aulas de Educação Física ou em outras atividades físicas recreativas ou de lazer. Assim, esperamos ter disponibilizado informações suficientes para seu entendimento sobre essa modalidade esportiva para que você e mais pessoas possam conhecer e vivenciar a prática desse esporte e, sobretudo, trazê-lo para nossa cultura.

Para saber mais

Para conhecer a história completa do frisbee, sugerimos acessar o *site* da Federação Internacional do Frisbee – World Flying Disc Federation (WFDF).

HISTORY of the Frisbee. Disponível em: <www.wfdf.org/history-stats/history-of-flying-disc/4-history-of-the-frisbee>. Acesso em: 27 fev. 2019.

2.5.2 Rugby

A história mais aceita sobre o surgimento do rugby aponta que tenha ocorrido em 1823, quando um estudante em uma escola de Rugby, na Inglaterra, jogava futebol, pegou a bola com as mãos e seguiu correndo até a linha de fundo adversária. Nesse período, cada escola inglesa tinha as próprias formas (regras) de jogar futebol, e a primeira a registrá-las por escrito foi a Rugby, em 1845.

Nos dias de hoje, o International Rugby Board conta com mais de 120 países-membros, fazendo com que esse esporte seja praticado por aproximadamente 6,6 milhões de pessoas espalhadas pelo mundo. Os países com maior concentração de praticantes e seguidores são Austrália, Nova Zelândia, África do Sul, Itália, Inglaterra, Japão e Argentina, entre outros (Brasil Rugby, 2019a).

No Brasil, a prática desse esporte teve início no Rio de Janeiro, por volta de 1891, e, em 1895, chegou a São Paulo, quando Charles

Miller trouxe da Inglaterra, junto com uma bola de futebol, uma bola de rugby. No entanto, a prática dessa modalidade ganhou maior interesse de participantes em 1925. Em 1963, foi fundada a União de Rugby do Brasil, a primeira entidade reguladora desse esporte no país; anos depois, em 1972, ela foi substituída pela Associação Brasileira de Rugby. Após a reintegração do rugby nos Jogos Olímpicos Rio 2016, a Confederação Brasileira de Rugby (CBRu), fundada em 2010, passou a ser responsável por todas as variedades que esse esporte envolve, como *rugby sevens*, *rugby XV*, *beach rugby* e *tag rugby* (Brasil Rugby, 2019a).

Com base nas informações do *site* do Comitê Olímpico Brasileiro (COB), até o fim de 2017, seis federações estaduais (PR, MG, RJ, SC, RS e SP) eram filiadas à CBRu (COB, 2019). Apesar de essas federações estarem concentradas nas regiões Sul e Sudeste, o rugby está presente em todos os estados brasileiros, com cerca de trezentas agremiações em diferentes cidades, com mais de 11 mil atletas federados e acima de 60 mil praticantes.

Embora esteja crescendo no país, quando comparado ao futebol ou ao voleibol, por exemplo, o rugby ainda é considerado um esporte complementar no Brasil, ao contrário de diversos outros países do mundo, principalmente os de colonização inglesa, como Nova Zelândia, Austrália, África do Sul e Irlanda, que têm seleções reconhecidas mundialmente e que tornam o rugby um esporte hegemônico em sua cultura.

> **Importante!**
>
> Muitas pessoas confundem o rugby com o futebol americano. Por isso, enfatizamos que, apesar das semelhanças entre essas modalidades, cada uma possui especificidades próprias em relação a regras, fundamentos técnicos, táticas e equipamentos de jogo. Um exemplo claro é a bola: a de futebol americano é um pouco menor e pesa cerca de 200 gramas; já a de rugby pesa entre 410 e 460 gramas.

Após essa contextualização cultural do rugby, vamos conhecer melhor as regras e as dimensões do campo para a prática desse esporte. É importante destacar que o rugby possui as versões *rugby XV* e *rugby sevens*, que são disputadas com duas equipes de quinze e sete jogadores, respectivamente, conforme podemos acompanhar na imagem a seguir:

Figura 2.2 Principais regras e dimensões do campo de rugby

Versão Rugby XV
2 times de 15 atletas;
2 tempos de 40 minutos;
Campo – Medidas máx. de 100 m × 70 m.

Versão Rugby Sevens
2 times de 7 atletas;
2 tempos de 7 minutos;
Campo – Medidas máx. de 100 m × 70 m.

A bola só pode ser passada para o lado ou para trás, nunca para frente. A bola só pode ser jogada para frente através de um chute.

Apenas o atleta com a posse de bola pode ser derrubado. A ação de derrubar um adversário é chamada de **tackle** e deve ser apenas da linha do pé para baixo.

Try: 5 pontos
O jogador tem que passar a linha de in-goal (linha de Hs) do adversário e apoiar a bola contra o chão.

Line-Out
Quando a bola sai pela lateral os jogadores fazem duas filas paralelas e a bola deve ser lançada entre elas.

Conversão: 2 pontos
Sempre que a equipe faz o Try ela tem o direito a um chute para o Hs, valendo 2 pontos. A bola fica parada em um apoio.
Na modalidade Sevens o chute deve ser feito com o Drop Goal.
Penalidade: 3 pontos
Mesmo procedimento após sofrer uma falta grave.

Scrum
É uma forma de reinício de jogo sempre que há uma infração leve, como em um passe para a frente. O time que não cometeu a infração posiciona a bola no túnel para ganhá-la de volta.

Drop goal: 3 pontos
É um chute de bate-pronto, no qual a bola deve quicar primeiro no chão e passar pelo H. Pode ser realizado a qualquer momento da partida.

Fonte: Brasil Rugby, 2019b, grifo do original.

Apesar de o rugby ser um esporte mundialmente praticado e seguido por diferentes culturas, no Brasil ele ainda está em processo de consolidação, buscando atingir o interesse de grande parte da população. Para isso, existem iniciativas da CRBu visando à ampliação desse esporte em todo o território nacional, detectando atletas com potencial de alto rendimento que possam fazer parte de programas para melhorar a representatividade do esporte.

Ao concluir este capítulo, esperamos que você tenha compreendido os principais elementos das modalidades de invasão, como os fundamentos técnicos e táticos, o processo de ensino-aprendizagem e as especificidades do frisbee e do rugby, modalidades que integram essa classificação. Esperamos, sobretudo, que possamos ter lhe despertado maior interesse em pesquisar ou aprofundar o conhecimento teórico sobre as modalidades de esportes complementares e que, posteriormente, você possa exercê-las na prática.

Para saber mais

Para saber mais sobre a história, as regras, os jogadores e outras informações sobre o rugby no Brasil, recomendamos acessar o *site* Brasil Rugby:

BRASIL RUGBY. Disponível em: <www2.brasilrugby.com.br/>. Acesso em: 27 fev. 2019.

⦀ Síntese

Modalidades esportivas de invasão	
Modalidades hegemônicas	Futebol, basquetebol, handebol e futsal.
Modalidades complementares	Rugby, polo aquático, corfebol, ultimate frisbee, floorball, lacrosse, futebol americano e hóquei de grama.
Cultura	As modalidades de invasão surgem em diferentes períodos e lugares do mundo. Algumas se tornam hegemônicas em certos países – como o futebol no Brasil, o basquetebol nos Estados Unidos ou o rugby na Austrália – e outras, complementares.
Fundamentos técnicos	Capacidades físicas (corrida, salto, força, velocidade e outras).
	Fundamentos (passe, finalização/arremessos, posse do objeto e outros).
Fundamentos táticos	Defensivos: proteger o alvo, impedir a progressão do adversário e recuperar a posse de bola.
	Ofensivos: conservar a posse de bola, progredir em direção ao alvo, finalizar e marcar pontos.
Processo de ensino-aprendizagem	Espaços reduzidos, contato com o objeto de jogo (bola ou disco) e formação do aluno.
Especificidades	O frisbee é um dos poucos esportes que utiliza o disco como objeto de jogo.

⦀ Indicação cultural

Filme

INVICTUS. Direção: Clint Eastwood. EUA, 2009. 132 min.

Baseado em uma história real da Copa do Mundo de Rugby de 1995, o filme mostra a história do fim do *apartheid*. Além da contextualização histórica e cultural do período, é possível verificar algumas especificidades técnicas e táticas da modalidade de rugby e sua representatividade sociocultural em países como África do Sul, Inglaterra, França e outros.

Atividades de autoavaliação

1. O futebol é considerado a modalidade de invasão mais popular no Brasil. Assinale a alternativa que corresponde somente a modalidades de invasão:
   a) Lacrosse, futebol americano e vôlei
   b) Ultimate frisbee, punhobol e polo aquático
   c) Handebol, basquetebol e corfebol
   d) Peteca, badminton e futsal
   e) Squash, vôlei de praia e futsal

2. Sobre as modalidades de invasão, é correto afirmar que elas têm por objetivo:
   a) Levar um objeto a uma área ou a um alvo específico para marcar o ponto; quando não estiverem com a posse do objeto, os jogadores devem proteger sua meta.
   b) Disputar com um oponente usando estratégias de imobilização ou de desequilíbrio para ganhar o espaço.
   c) Rebater o objeto o mais longe possível e correr o maior número de vezes entre as bases do campo.
   d) Lançar a bola sobre o campo adversário de maneira que o oponente não consiga devolvê-la.
   e) Invadir ao campo adversário conduzindo o objeto do jogo somente com as mãos.

3. Sobre o rugby, é correto afirmar que sua prática é popular em países como:
   a) Brasil, Argentina e Peru.
   b) Austrália, África do Sul e Nova Zelândia.
   c) Portugal, Marrocos e Chile.
   d) Canadá, México e China.
   e) Bolívia, País de Gales e Venezuela.

4. O ultimate frisbee é uma modalidade praticada entre duas equipes compostas por:

   a) cinco jogadores cada.
   b) seis jogadores cada.
   c) sete jogadores cada.
   d) oito jogadores cada.
   e) nove jogadores cada.

5. O rugby possui as versões *rugby XV* e *rugby Sevens*, que são disputadas com duas equipes de quinze e sete jogadores, respectivamente. Elas são jogadas em dois tempos de:

   a) 40 minutos e 7 minutos, respectivamente.
   b) 30 minutos e 14 minutos, respectivamente.
   c) 25 minutos e 10 minutos, respectivamente.
   d) 50 minutos e 25 minutos, respectivamente.
   e) 35 minutos e 20 minutos, respectivamente.

Atividades de aprendizagem

Questões para reflexão

1. O ultimate frisbee é uma modalide esportiva que não tem árbitros, e a regras são utilizadas como guias para a prática desse esporte. Entretanto, não podem ser violadas intencionalmente pelos jogadores, em razão do código de honra e do respeito mútuo entre eles. Diante disso, reflita: Quais são as possibilidades de um professor de Educação Física (de uma escola ou de um centro esportivo) desenvolver a prática de outras modalidades esportivas sem a utilização de árbitros? Quais contribuições o frisbee poderá trazer para a reflexão crítica dos alunos?

2. Apesar de o rugby ser um esporte mundialmente praticado e seguido em diferentes culturas, no Brasil ele ainda está em processo de consolidação, buscando atingir o interesse de grande parte da população. Você, como professor de Educação Física, preocupado com o desenvolvimento de novas atividades, propõe essa modalidade como conteúdo em seu planejamento na forma de *rugby tag*. No entanto, a coordenação pedagógica de sua escola não tem conhecimento dessa modalidade e solicita que você a explique com maiores detalhes. De que forma você poderá esclarecer a proposta dessa atividade à coordenação e, consequentemente, provar sua relevância, explicando como ela será desenvolvida nas aulas?

Atividade aplicada: prática

1. Reúna um grupo de crianças de 10 a 12 anos e desenvolva a sugestão de prática a seguir.

   Conteúdo: Ultimate frisbee.

   Objetivos: Aprimorar os fundamentos técnicos de passes e de recepção do ultimate frisbee.

   Materiais e recursos necessários: Quadra desportiva, frisbee (disco) e cones.

   Preparo: Demonstre às crianças os movimentos técnicos do passe usados para jogar o frisbee. Em seguida, conforme a quantidade de discos disponíveis, distribua-os aos participantes para que possam manuseá-los e realizar pequenos lançamentos ao ar e recepcionar o próprio disco lançado.

   Desenvolvimento: Separe as crianças em duplas e solicite que se posicionem nas extremidades laterais da quadra. De forma alternada, um participante da dupla realiza um passe em direção a seu colega, que, por sua vez, deve recepcionar o disco no ar. Depois, divida a quadra em três espaços. Explique às crianças que elas serão separadas em duas equipes, A e B. Os participantes da equipe A devem ocupar os espaços externos demarcados e realizar passes entre sua equipe. Os participantes da equipe B devem ocupar o espaço central da quadra para tentar interceptar o disco. Após um tempo determinado, as equipes devem trocar as funções.

Síntese da atividade: Reúna as crianças e pergunte a elas se conseguiram prever a trajetória dos discos durante a execução dos passes. Questione-as também sobre as estratégias para interceptação dos discos e se houve precisão nos passes. Por fim, reflita com elas sobre as regras que regem esse esporte e os princípios de "jogo limpo" (*fair play*) entre os participantes durante a atividade.

Com base na experiência que você teve com o público indicado, analise como foi o desenvolvimento da atividade. Como as crianças participaram? O que você notou que as crianças executaram com mais dificuldade? Quais dificuldades você sentiu ao aplicar a atividade? O que as crianças conseguiram reter de aprendizado?

Capítulo 3

Modalidades esportivas de raquete e taco

É provável que, ao falarmos de *esportes de raquete*, venham a nossa mente uma ou duas modalidades esportivas e, entre elas, o tênis. Da mesma forma, ao falarmos em *esporte de taco*, é possível que o golfe seja a modalidade lembrada.

Porém, é necessário incluir nas modalidades esportivas de raquete e taco uma lista significativa de esportes praticados por diversos públicos em distintas regiões do planeta. Embora vários deles não sejam tão populares – mesmo o tênis e o golfe ainda não são acessíveis à maioria da população –, alguns são originadas de uma variante de determinada modalidade esportiva e outros surgiram com a institucionalização de um jogo popular.

Mesmo que algumas modalidades esportivas de raquete ou taco possam ser vistas como práticas próprias de um grupo economicamente mais favorecido e, portanto, de pouca inserção no meio social, convém que o profissional de Educação Física conheça a diversidade de modalidades existente nessa categoria e estabeleça uma aproximação dela com seus alunos.

Assim, apresentaremos algumas características gerais de esportes dessa modalidade que permitam ao profissional compreender seus aspectos técnicos e táticos e os processos fundamentais de ensino-aprendizagem que os norteiam. Para finalizar, trataremos de particularidades de duas outras modalidades esportivas, sendo uma de taco e outra, de raquete.

3.1 Elementos sócio-históricos e culturais das modalidades esportivas de raquete e taco

Apesar da dificuldade de definir com precisão quando surgiram as modalidades esportivas que fazem uso de equipamentos como raquetes e tacos e da complexidade de falar de forma geral de seus elementos sócio-históricos e sua relação com aspectos sociais, econômicos, políticos e culturais, veremos alguns eventos que contribuíram para popularizar essas práticas esportivas no decorrer das décadas e compreender, assim, como elas se estabeleceram em determinados grupos sociais.

Há imprecisão quanto à origem de várias modalidades esportivas, e isso permite considerar que distintos povos, em diferentes épocas, realizaram práticas corporais com ou sem o auxílio de equipamentos, no formato de jogos que se transformaram, no decorrer do processo civilizatório, em modalidades esportivas hoje conhecidas.

Curiosidade

Uma pintura da dinastia Ming datada do ano de 1368 e com o título de *Banquete de outono* retrata um membro da corte real com uma espécie de taco de golfe tentando bater uma bola para dentro do buraco (Carneiro, 2013).

Apesar de existirem práticas similares de jogos em distintas regiões do globo, cada povo atribuiu sentidos distintos a elas. No caso do golfe, estudos de diferentes historiadores indicam hipóteses particulares sobre seu surgimento.

Entre elas, há a suposição de que o golfe teria sido criado e disseminado na Europa pelos romanos no século I a.C., com o nome de *paganica*, e consistia no uso de um taco curvo de madeira e de uma bola de couro.

Outra hipótese aponta que o golfe teria se originado na China entre os séculos VIII e XIX com o nome de *chuiwan* (*chui* = "bater"; *wan* = "pequena bola"). Há uma teoria que defende que o golfe surgiu de um jogo praticado na Inglaterra e na França com o nome de *cambucá* e *cambot*, respectivamente. Existem, ainda, outros pressupostos que afimam que o golfe é de origem persa, conhecido como *chaugán*. No Iêmem, havia também uma prática que poderia ser precursora desse esporte, conhecida com o nome de *kolven*. E, ainda na Holanda, há registros da prática do golfe já em 1297 (Carneiro, 2013).

Para Carneiro (2013), apesar das distintas manifestações de jogos que se aproximavam do que nós entendemos como modalidade esportiva do golfe, é possível aceitar que o primeiro registro do jogo com características mais próximas do esporte atual se deu na Escócia em 1457, quando o parlamento proibiu o jogo de golfe e, também, do futebol. Essa medida ocorreu porque os guerreiros ficavam horas se dedicando a esses jogos e se descuidavam de realizar o treinamento de arco e flecha, cujo objetivo era proteger a pátria.

Outro exemplo da imprecisão da origem de uma modalidade esportiva, agora com o uso de raquete, é o tênis de campo. Para a entidade de administração do esporte (Confederação Brasileira de Tênis), é aceita a ideia de que o tênis tenha surgido na Inglaterra no século XII, de um jogo chamado *palma*, no qual os participantes rebatiam uma bola com a mão e, mais tarde, por volta do século XIV, com o uso de uma raquete. E, no século XIX, surgiu o jogo que deu origem ao tênis moderno (Copelli, 2010).

Apesar do predomínio da ideia de que o tênis tenha surgido na Inglaterra, há relatos de que jogos similares já eram realizados no Egito Antigo e também na Grécia, praticados usando-se a palma da mão e, posteriormente, com um objeto para rebater a bola.

De certa forma, esse breve cenário dá um panorama sobre a complexa tarefa de determinar a gênese de um esporte. Isso porque a forma como determinadas modalidades ganharam contornos ao longo de décadas, ou mesmo de séculos, após sua institucionalização contou com a influência de uma entidade que se autodenomina *gestora* da modalidade.

Existem inúmeras variações de modalidades esportivas que são inventadas com base em modificações de um esporte-mãe, como o tênis de campo; nesse caso, podemos citar o tênis de mesa, o beach tênis, o squash e o frescobol.

Assim, várias modalidades esportivas foram criadas para atender a diferentes necessidades ou intenções, como dispor de uma atividade para jogar em pequenos espaços, em locais fechados, ao ar livre ou com outros objetivos. A busca por novas formas de praticar uma atividade esportiva alimenta a criatividade das pessoas, seja pela combinação de duas ou três modalidades, seja para a adequação de equipamento, espaço, público ou material.

Considerando-se as questões levantadas anteriormente, pode-se afirmar que há uma diferença entre a sistematização do jogo como esporte e as diferentes práticas de jogos populares com características muito similares.

Com isso, é possível ter havido em diferentes momentos e lugares na história da civilização grupos sociais distintos que praticavam atividades muito similares. E há de se considerar a hipótese de que a legitimação da prática com a denominação de *esporte* possa estar ligada à forma como ela foi institucionalizada e ao modo como ocorreu sua projeção.

3.2 Fundamentos técnicos das modalidades esportivas de raquete e taco

Nesta seção, adotaremos como exemplo o desempenho de um jogador na execução dos fundamentos técnicos e, consequentemente, sua eficiência durante a prática de alguma modalidade esportiva.

O equipamento, seja ele a raquete, seja o taco, não é determinante quanto à forma de uso e também das habilidades técnicas fundamentais necessárias para seu domínio, pois a imensa variedade de esportes que faz uso de raquete ou taco atribui objetivos específicos a cada um, conforme seu protagonismo na prática da modalidade em questão.

Por exemplo, no hóquei – esporte com taco – há variações quanto ao uso do taco no gelo, na grama e na quadra. Para cada versão, há fundamentos técnicos que precisam ser trabalhados para dar ao atleta ou ao praticante mais condições ou repertório para realizar em estado ótimo os diversos fundamentos do esporte, como dribles, fintas e passes, entre outros.

É comum atribuirmos a um atleta habilidoso no futsal, por exemplo, prognósticos positivos quanto à sua *performance* caso ele opte por mudar de modalidade esportiva e migre para a prática do futebol de campo. Mesmo o futsal sendo considerado, de maneira geral, uma prática esportiva essencial no processo de aprendizagem de fundamentos técnicos para um futuro jogador de futebol de campo, existem habilidades distintas que precisam ser treinadas para cada modalidade. Assim, a forma de se aplicar um drible ou um passe no futsal não é necessariamente a mesma no futebol de campo.

Nesse sentido, podemos afirmar que, apesar de haver semelhanças entre as necessidades técnicas das diferentes modalidades esportivas em cada categoria – raquete ou taco –, também há habilidades técnicas que precisam ser reaprendidas, como a relação entre a empunhadura da raquete para o tênis e a empunhadura da raquete para o badminton.

Outro fator relevante quanto às questões de fundamentação técnica do atleta é a forma como ele precisa ser inserido no esporte. O interessado deve estar em um ambiente adequado às necessidades, às características e aos objetivos desejados. Assim, como descrito no Quadro 3.1, a orientação é construir um ambiente descontraído, no qual as pessoas consigam sentir prazer ao participar das atividades, levando em conta que o objetivo principal é fazer delas uma prática contínua, seja para questões de saúde e terapia, seja para participar de festivais e torneios.

Caso os interessados não tenham habilidades específicas para a prática, é fundamental trabalhar, também, capacidades de caráter geral para poder ensinar os fundamentos específicos posteriormente. Ainda que, de maneira geral, as pessoas tenham certa ansiedade para a execução do jogo propriamente dito, é fundamental oferecer momentos distintos para a aprendizagem adequada da prática.

Como é possível encontrar pessoas com interesse em participar de campeonatos oficiais, mesmo que de modo amador, é necessário ser mais diretivo e orientar o programa de forma específica para atingir os objetivos desejados por elas.

Quando pensamos no treinamento esportivo profissional, há necessidade de um trabalho mais preciso e de uma maior cobrança quanto aos resultados esperados. E, com isso, a repetição do gesto técnico é essencial, ou seja, ele precisa ser executado em um ambiente aberto, sobre diversas condições que coloquem o atleta em situações de imprevisibilidade de uso. Apesar das condições de cobrança e de exigência técnica e comportamental do atleta, há a necessidade de se considerar que seja construído um ambiente de confiança, conforme demonstrado no Quadro 3.1.

Quadro 3.1 Perfil do praticante, objetivos e estratégias.

Público	Objetivo	Histórico	Ambiente	Estratégias
Adolescentes	Treinamento	Intermediário	Descontraído, prazeroso e de confiança	Fundamentação específica Jogo
Jovens	Profissionalização	Avançado	Maior cobrança, confiança	Fundamentação específica Repetição Jogo
Crianças, adolescentes, jovens, adultos e idosos	Participação	Iniciação	Descontraído, prazeroso e de confiança	Fundamentação geral Fundamentação específica Jogo

(continua)

(Quadro 3.1 – conclusão)

Público	Objetivo	Histórico	Ambiente	Estratégias
Crianças, jovens, adultos e idosos	Treinamento	Intermediário	Descontraído, prazeroso e de confiança	Fundamentação específica Jogo

Fonte: Elaborado com base em Carneiro, 2013.

Dessa forma, ainda com base no Quadro 3.1, procuramos demonstrar que em qualquer modalidade esportiva há a necessidade do domínio de habilidades motoras básicas (HMB) bem estruturadas para a aprendizagem de habilidades específicas, conforme afirma Carneiro (2013). Esse autor ainda apresenta algumas HMB, levando em conta a aprendizagem do golfe (Carneiro, 2013, p. 12):

- *Manipulação de objetos (Lançar, Chutar, Agarrar, Driblar)*
- *Percepção/Consciência (Espacial e Cinestésica, Regras)*
- *Locomoção (Correr, Saltar, Fintar, Saltar de um pé para outro)*
- *Estabilidade (ABC do atletismo, Agilidade, Equilíbrio, Coordenação e Velocidade)*

Acreditamos ser apropriado considerar essas habilidades também para outras modalidades esportivas de raquete e taco.

Quadro 3.2 Características de habilidades motoras

Manipulação de objetos	Habilidades manipulativas que podem ser classificadas em habilidades manipulativas grossas e finas. A habilidade de manipulação motora grossa está ligada à aplicação da força para impulsionar objetos ou recebê-los, como chutar, rebater ou agarrar uma bola. A habilidade manipulativa fina diz respeito ao controle de segurar e usar com precisão os objetos, como raquete ou taco.
Percepção/ consciência	Trata-se da capacidade de movimentar-se de diversas maneiras dentro de determinado espaço, seguindo as regras que a modalidade esportiva estabelece.

(continua)

(Quadro 3.2 – conclusão)

Locomoção	É a habilidade de movimentar-se em diversas direções (como vertical ou horizontal), andar, correr, saltar, para a frente, para o lado, para trás.
Estabilidade	É a habilidade que a pessoa tem de manter-se em equilíbrio. Esse equilíbrio pode ser dinâmico, ou seja, enquanto o corpo está em movimento, ou estático, quando o corpo está parado.

Fonte: Elaborado com base em Gallahue; Donnelly, 2008.

Uma especialidade dos esportes de taco ou raquete é a empunhadura, independentemente da modalidade. Ela influencia no padrão de jogo porque a eficiência da batida na bola ou no disco está associada a saber golpear de diferentes maneiras e em situações específicas. Nesse sentido, é necessário dedicar atenção a essa habilidade. Observe, no Quadro 3.3, algumas empunhaduras utilizadas.

Quadro 3.3 Empunhaduras e respectivas modalidades esportivas

Tênis de campo	Badminton	Golfe	Hóquei
Continental	Forehand Backhand	Vardon Entrelaçada Empunhadura de 10 dedos	Empunhadura de "aplauso"
Eastern			
Semi-western			Empunhadura de "jab"
Western			
Western extrema			Empunhadura de "relógio"

3.3 Fundamentos táticos das modalidades esportivas de raquete e taco

As habilidades de caráter técnico ou tático podem apresentar semelhanças em virtude da relação de mútua dependência entre elas. Porém, saber distingui-las permite explorar duas dimensões de habilidades. Assim, para nossa discussão, vamos considerar fundamentos táticos aqueles que permitem realizar análises das situações ocorridas em jogo, como posicionamento, forma de ataque ou defesa.

Como dissemos na seção anterior, a escolha do equipamento, considerando-se dimensões, material e outras características, bem como a forma de uso, como a opção por empunhar o equipamento, utilizando determinadas habilidades técnicas, são o resultado de tomadas de decisão com base em ações táticas. Dessa maneira, é razoável aceitar a ideia de haver uma relação de interdependência entre as habilidades técnicas e as táticas.

Assim, por um lado, caso o atleta apresente deficiências em determinados fundamentos técnicos, haverá a necessidade de encontrar recursos táticos que permitam subjugar o adversário. Por outro, caso possua habilidades motoras ótimas em alguns fundamentos técnicos, terá mais condições de explorar táticas para dominar o oponente.

Agora, trataremos de alguns fundamentos táticos dos esportes de raquete e taco.

A diversidade de práticas desses esportes quanto ao número de jogadores em uma equipe contempla desde um (modalidade individual), dois (duplas) ou onze atletas, como o caso do hóquei de campo. Eles podem, em um campeonato, jogar juntos ou não, mas procurando alcançar resultados que favoreçam o grupo ou o resultado individual em algum torneio. Nesse sentido, podemos afirmar, então, que existe uma estratégia tática individual e outra coletiva e, apesar de o atleta contar om um estado ótimo na realização de seus fundamentos técnicos, é necessário obedecer a princípios táticos que possam contribuir para alcançar uma superioridade técnica em relação ao adversário.

Para as funções táticas, Cabello (2000) apresenta um quadro que contém diversos componentes do badminton que também podem ser adaptados para outros esportes de raquete.

Quadro 3.4 Componentes de ação tática para esportes de raquete

Componente	Permite	Exemplo
Amplitude do campo visual	Perceber os elementos de cada situação de jogo	Visualização da bola ou peteca e do jogador antes do golpe
Cálculos ópticos-motores	Medir velocidades, distâncias e tempos	Importância em relação ao voo da bola ou da peteca
Pensamento tático	Analisar as situações que se produzem no próprio jogo	Estar na posição correta segundo o golpe que pretende realizar
Conhecimentos	Conhecer e decidir qual é a melhor solução	Saber qual é o melhor golpe para aquele momento do jogo
Tempo de reação (velocidade)	Atuar de forma mais rápida e no momento justo	Executar o golpe de ataque corretamente
Qualidades físicas	Executar todas as ações motrizes de forma repetida e sem fadiga	Deslocamentos, saltos e golpes repetidos sem fadiga
Habilidade técnica	Possuir uma grande variedade gestual que permita eleger a ação mais adequada	Executar corretamente uma grande variedade de golpes
Concentração	Controlar as diferentes situações	Manter o mesmo nível de jogo tanto no saque como na recepção
Vontade e motivação	Possuir o desejo de competir e melhorar	Obter um rendimento de 100% em cada partida
Espírito coletivo	Para fazer as ações individuais justas	Muito importante quando se trata de jogo em duplas

Fonte: Cabello, 2000, p. 31, tradução nossa.

3.4 Processo de ensino-aprendizagem nas modalidades esportivas de raquete e taco

Há uma diversidade significativa de métodos, isto é, abordagens ou princípios filosóficos, quanto à forma de iniciar uma criança ou mesmo um adulto em alguma modalidade esportiva. Apesar de a adoção de uma metodologia por um professor ou técnico estar associada à avaliação que ele faz quanto à eficiência do processo para alcançar os propósitos definidos, é válido afirmar também que a forma de ensino pode variar conforme o público e os objetivos pretendidos. Assim, temos as condições de caráter de escolha pessoal e também de adaptação à realidade existente.

Entre as diversas estratégias adotadas no ensino dos esportes, vemos como positiva a inserção dos jogos pré-desportivos e a utilização dos "minis"[1].

Antes de indicarmos algumas sugestões de processos de ensino-aprendizagem, é válido atentar para algumas recomendações:

- Para jogar bem, é necessário aprender bem.
- Não é possível aprender tudo ao mesmo tempo.
- Algumas habilidades precisam ser aprendidas antes de outras.
- Cada indivíduo carrega consigo histórias, experiências, habilidades, dificuldades e ansiedades.
- O objetivo final precisa ser o benefício ao próprio praticante.

---

[1] Jogos pré-desportivos representam adaptações de outros jogos que podem servir como atividades de iniciação para um esporte propriamente dito. Os "minis", por sua vez, são adaptações nas dimensões do campo de jogo de determinado esporte, para facilitar sua aprendizagem.

Os esportes de raquete e taco apresentam especificidades que os distinguem dos demais. O fato de ter de dominar a capacidade e de controlar um equipamento – ou equipamentos, como no caso do hóquei de patins –, exige do praticante a aprendizagem de um conjunto maior de habilidades, diferentemente do que ocorre quando se usa a bola para acertar uma cesta no basquete ou para fazer um gol no futebol, que não depende do uso de um equipamento "como parte de seu corpo" para a execução da tarefa.

Vejamos, a seguir, um conjunto de orientações que devem ser consideradas para um planejamento de ensino:

- Definir quais equipamentos usar.
- Estabelecer quais habilidades básicas e específicas serão desenvolvidas.
- Inserir desde o início noções de regras e de posicionamento.

Na sequência, apresentamos alguns exercícios de habilidade com a manipulação de equipamento que pode ser adaptado para raquete ou taco:

- Controle da raquete ou do taco – O aluno segura o equipamento com a empunhadura livre e procura rebater a bola para cima, contando um maior número de rebatidas. Esse exercício pode ser variado, alternando o lado do equipamento – frente e atrás. No caso de raquete, o aluno deve procurar concentrar a batida da bola em seu centro. Esse exercício, depois de dominado o controle, deve ser repetido para que o aluno utilize a forma correta de empunhar o equipamento.
- Controle da rebatida – O professor lança a bola e o aluno deve rebatê-la, procurando devolvê-la ao professor. Esse exercício pode ser variado, alternando a força do lançamento e os objetos a serem atingidos. Depois de dominada a rebatida (forte e fraca), podem ser realizados exercícios de deslocamentos.

3.5 Especificidades de algumas modalidades esportivas de raquete e taco

Nossa opção para a escolha das modalidades descritas a seguir levou em conta a possibilidade de o professor, mesmo sem os recursos necessários ou os equipamentos oficiais para a prática, iniciar os alunos em novos esportes. Assim, como representante da modalidade de raquete, escolhemos o **tamboréu**, e, como representante do taco, o **hóquei de grama**.

3.5.1 Tamboréu

O tamboréu não é um esporte conhecido no Brasil e sua chegada deu-se em 1937, quando os irmãos Bruno e Luigi Danadelli, vindos da Itália, apresentaram a modalidade nas praias de Santos, no estado de São Paulo. Similar ao tênis quanto à disposição geral do jogo, o equipamento para rebater a bola assemelha-se ao tamborim – instrumento de percussão – pela sua forma. Esse material, chamado *tamboréu*, dá nome ao esporte e é composto por um aro e por uma tampa de couro ou outro material. Seu diâmetro deve ser de no máximo 26 centímetros.

Algumas de suas regras foram adaptadas conforme os jogadores aperfeiçoaram suas técnicas de jogo, diferenciando-se do mesmo esporte praticado na Europa. Pode ser praticado em qualquer piso – areia, grama ou cimento – e jogado individualmente ou em duplas. O objetivo do jogo é enviar a bola ao campo adversário, por cima da rede, sem que ela possa ser devolvida.

As dimensões da quadra oficial variam para o jogo de duplas ou com mais jogadores (34 m por 10 m de largura) e para o jogo individual ou simples (29 m por 7 m de largura). A rede que divide a quadra tem altura de 80 cm a 1 m.

A partida vai até 10 pontos e é chamada de *set*, com a possibilidade de chegar até o 16º ponto caso uma das duplas não consiga vencer com 2 pontos de vantagem.

O jogo se inicia com o saque que deve ser realizado atrás da linha de fundo; a bola deve cair dentro da área de saque e não pode tocar na rede. Sua execução assemelha-se ao saque do tênis: deve-se lançar a bola para o ar e rebatê-la sem que ela toque o chão, para que, assim, ela passe por cima da rede, caindo na área do saque.

3.5.2 Hóquei de grama

Vale a pena esclarecer que, apesar de termos optado pelo hóquei como um exemplo de modalidade esportiva de taco, ele também pode ser classificado de outra maneira. Assim, podemos falar do hóquei como um **esporte de invasão e de taco**.

Práticas corporais semelhantes ao que conhecemos como *hóquei* nos dias de hoje já eram praticadas há milhares de anos por diversos povos. O que temos atualmente é resultado da institucionalização dessas práticas por meio de regras. E isso aconteceu em 1853, na Inglaterra (CBHG, 2019).

Mesmo exigindo equipamentos e vestimentas específicos, essa modalidade esportiva pode ser praticada sem muitas formalidades. Uma partida de hóquei tem dois tempos com duração de 35 minutos e cada time é composto por 11 jogadores titulares e 5 reservas.

Durante a partida, não é permitido colocar qualquer parte do corpo em contato com a bola. O único objeto que pode tocá-la é o taco e somente com sua parte plana. Apesar disso, a bola pode ser protegida com o corpo se estiver em movimento.

Um gol é válido quando a bola é batida, arrastada ou desviada com a parte plana do taco de dentro da área de arremate do adversário e atravessa completamente a linha do gol.

Apesar de o hóquei indoor contar com proteção lateral de 10 cm para a bola não sair da quadra, no hóquei de grama não há esse recurso. A cobrança de lateral é realizada no local onde saiu a bola e o jogador pode realizar um autopasse.

▍ Síntese

Modalidades esportivas de raquete e taco	
Principais modalidades	Raquete: tênis e suas variações. Taco: golfe, hóquei e suas variações.
Modalidades pouco conhecidas	Pelota basca e tamboréu.
História	Existem várias histórias sobre a origem dos esportes. É considerado o criador de determinada modalidade o país que sistematiza suas regras e consegue torná-las universais.
Cultura	No Brasil, os esportes de raquete e taco, mesmo sendo conhecidos pela população em geral, são praticados majoritariamente por pessoas de classe econômica privilegiada.
Fundamentos técnicos	Apesar da necessidade de trabalhar as habilidades motoras básicas, o fundamento de empunhadura pode contribuir para a definição de estratégias táticas.
Fundamentos táticos	Deve-se conhecer o jogo do adversário e escolher o equipamento adequado para o tipo de estratégia tática definida.
Processo de ensino-aprendizagem	Raquete: apesar de ter sido institucionalizado como esporte, o frescobol é uma prática que permite adaptar o jogo a diferentes ambientes e públicos. Taco: o jogo de bets ou bets-ombro pode ser um pré-desportivo para os jogos de críquete e beisebol, entre outros.

(continua)

Modalidades esportivas de raquete e taco	*(conclusão)*
Especificidades	Tamboréu: uso de um equipamento semelhante ao tamborim, com regras semelhantes ao tênis. Hóquei: lembra o futebol, contudo, em situação de jogo, a bola só pode ser tocada com a parte plana do taco.

Indicação cultural

Filme

O MELHOR jogo da história. Direção: Bill Paxton. EUA; Buena Vista Pictures, 2005. 120 min.

O filme é baseado em fatos reais e apresenta a história de um *caddie* (pessoa que carrega a sacola de tacos de um jogador durante uma partida) que tem o sonho de tornar-se jogador de golfe. No filme, é possível ver as barreiras socioeconômicas como fatores restritivos à prática do esporte.

Atividades de autoavaliação

1. Assinale a alternativa correta quanto à participação de diferentes povos em jogos que se assemelham a esportes conhecidos na atualidade, como golfe e tênis:
    a) Todos os esportes foram inventados para atender a demandas que surgiram na sociedade.
    b) Diferentes povos, em épocas distintas, realizaram práticas corporais com ou sem o auxílio de equipamentos, no formato de jogos que posteriormente se transformaram em esporte.
    c) Apesar de os jogos populares se assemelharem a algumas modalidades esportivas, não há relação entre eles.

d) Jogos populares semelhantes em diversas regiões do mundo não foram criados em épocas distintas e por povos diversos.

e) Todos os esportes são o resultado da transformação dos jogos populares.

2. Alguns esportes surgiram da variação de outros já existentes, como o tênis de mesa, que é uma variação do tênis. Assinale a alternativa que justifica essa afirmação:

a) Novas modalidades esportivas surgiram como estratégia de adaptar o esporte a condições físicas, materiais e espaciais do público.

b) As pessoas não se adaptavam à forma original do esporte, o que as levava a inventar novas modalidades.

c) As modalidades esportivas surgiram em contraposição às ideias da modalidade esportiva original.

d) Havia disputas entre povos diversos que procuravam se estabelecer no cenário esportivo e criaram variações das modalidades existentes.

e) As novas modalidades esportivas que surgiram utilizando os fundamentos de determinado esporte são resultado do acaso.

3. O equipamento, seja a raquete, seja o taco, não é determinante quanto à forma de uso e das habilidades técnicas fundamentais necessárias para seu domínio. Assinale a alternativa que corrobora essa afirmação:

a) O uso do equipamento depende da adaptação do atleta.

b) O que é determinante na forma de uso de um equipamento esportivo com raquete ou taco é a estrutura física do atleta.

c) Para cada esporte, independentemente de o equipamento ser o mesmo, são exigidas formas distintas de domínio técnico.

d) Há distinção no uso do equipamento esportivo, conforme o campeonato de que o atleta participa.

e) Os equipamentos estão sujeitos a apresentar características estruturais que dificultam a manipulação regular.

4. Relacione as colunas conforme a habilidade motora descrita:

1) Manipulação de objetos	( ) Movimentar-se em diversas direções
2) Locomoção	( ) Diz respeito ao controle de segurar e usar os objetos com precisão
3) Estabilidade	( ) Habilidade que a pessoa tem de manter-se em equilíbrio

5. Existem modalidades esportivas que podem ser consideradas variações de outras modalidades, como o tênis de mesa e o tênis. Com base nessa afirmação, identifique a alternativa correta sobre o aprendizado de técnicas ou habilidades esportivas:

a) Apesar de haver aspectos distintos em modalidades que são variações de outras, as habilidades técnicas são as mesmas para elas.

b) Apesar de haver dimensões de equipamentos e espaço distintos nas modalidades esportivas que são variações de outras, não há distinção na forma de se praticá-las.

c) Apesar de haver modalidades esportivas que são variações de outras, há a necessidade de aprender e treinar habilidades técnicas distintas para cada uma.

d) Há a necessidade de se treinar novas habilidades técnicas somente quando a pessoa que pratica muda de um esporte de taco para um de raquete.

e) Todas as modalidades esportivas de taco exigem do praticante o mesmo aprendizado de habilidades técnicas.

Atividades de aprendizagem

Questões para reflexão

1. A prática de golfe no Brasil é restrita a clubes, hotéis e outros espaços privados. Os poucos espaços públicos que temos no país não garantem a participação de pessoas com menor poder aquisitivo. Uma das justificativas para elas não praticarem essa modalidade é o alto custo dos equipamentos. Você concorda com essa explicação? Faça uma comparação com outros esportes. Analise o preço de equipamentos novos e usados, seu tempo de duração, o custo de manutenção e outros fatores que interferem em seu preço final.

2. As pessoas, de certa forma, são resistentes à prática de novas modalidades esportivas, seja por acomodação, seja por preconceito. Produza ou adquira um conjunto de tamboréu e leve a atividade para locais como escola, clube, academia ou outro espaço no qual você consiga mobilizar um grupo de pessoas para a prática desse esporte. Promova a ação por um certo período – semanas ou meses – e, ao final, organize um torneio recreativo entre os praticantes. Depois, avalie a percepção deles quanto a esse esporte.

Atividade aplicada: prática

1. Reúna um grupo de crianças de 10 a 12 anos e desenvolva a sugestão de prática a seguir.

   Conteúdo: Hóquei.

   Objetivos: Iniciar as crianças na prática do esporte.

   Materiais e recursos necessários: Bola de meia e bastões conforme o número de participantes da atividade, realizada em um espaço de superfície plana.

Preparo: Em uma quadra livre ou em uma área que permita boa movimentação das crianças e não haja perigo para elas, entregue um taco e uma bola de meia para cada uma. Em seguida, solicite que elas se desloquem individualmente em diversas direções (qualquer uma) por um tempo determinado (10 a 15 minutos, por exemplo) controlando a bola com o taco. Depois, estabeleça um circuito e peça às crianças que passem por ele, conduzindo a bola. Permita que cada uma delas passe pelo menos 3 vezes pelo circuito.

Desenvolvimento: Organize alguns objetos (latas e garrafas de plástico, entre outros) para serem atingidos pelas crianças e peça-lhes que mantenham uma distância em que o grau de dificuldade esteja de acordo com a habilidade delas – que não seja muito fácil nem muito difícil – e procurem rebater a bola com o objetivo de acertar o objeto. Nesse caso, você pode organizar uma fileira (um aluno ao lado do outro) e repetir várias vezes a atividade. À medida que as crianças adquirirem habilidade na manipulação do taco, insira outros níveis de dificuldade, como ações em dupla para exercitar o drible, entre outros.

Síntese da atividade: Reúna as crianças em círculo e converse com elas sobre as impressões que tiveram com a realização da atividade. Questione a elas quais foram as dificuldades que encontraram durante a prática e outras impressões que tiveram.

Com base na experiência que você teve com o público indicado, analise como foi o desenvolvimento da atividade. Como as crianças participaram? O que você notou que as crianças executaram com mais dificuldade? Quais dificuldades você sentiu ao aplicar a atividade? O que as crianças conseguiram reter de aprendizado?

Capítulo 4

Modalidades esportivas de rede/parede

N**este capítulo,** abordaremos as principais características das modalidades esportivas de rede divisória e de parede de rebote. Assim, com base em autores como González e Fraga (2012), podemos destacar que essas modalidades têm por objetivo arremessar, lançar ou rebater o objeto (bola, peteca ou disco) em direção aos setores da quadra ou do campo adversário, de modo que o rival seja incapaz de devolvê-la da mesma forma ou que cometa algum erro.

Como exemplos de modalidades com rede, podemos mencionar os seguintes esportes: voleibol, peteca, punhobol, padel, badminton, tênis de mesa e tênis de campo, entre outros. Como exemplos de modalidades de parede: pelota basca, raquetebol, squash e wall handball (González; Darido; Oliveira, 2014). Algumas dessas modalidades podem ou não necessitar de raquete para sua prática e ser executadas de maneira individual ou coletiva. O tênis e o badminton por exemplo, podem ser praticados de forma individual ou em duplas; já o punhobol e o voleibol são coletivos, praticados com cinco e seis jogadores, respectivamente, em cada equipe.

Dessa forma, além da discussão sobre as semelhanças entre os principais fundamentos técnicos e as estratégias táticas que envolvem essas modalidades, destacaremos alguns dos elementos sócio-históricos e culturais relacionados a elas e algumas recomendações sobre seus processos de ensino-aprendizagem. Apresentaremos também especificidades do punhobol, exemplificando as modalidades de rede divisória, e do squash, como modalidade de parede, contextualizamos seus históricos bem como as regras e as técnicas fundamentais para a compreensão de suas práticas.

4.1 Elementos sócio-históricos e culturais das modalidades esportivas de rede/parede

Entre as modalidades esportivas de rede/parede destacadas na introdução deste capítulo, o voleibol é uma das mais praticadas ou conhecidas por grande parte da população brasileira. Inclusive, é considerado um dos esportes de invasão hegemônicos da Educação Física, como visto no Capítulo 2, que forma o quartteto dos "bols" (futebol, handebol, basquetebol e voleibol), tema que gerou bastante discussão na área da educação física, principalmente no tocante aos conteúdos da disciplina escolar.

Entretanto, outras modalidades esportivas vêm ganhando espaço em contextos diversos, como na mídia desportiva, nos conteúdos da disciplina de Educação Física ou em centros desportivos. Como consequência, tem aumentado o número de praticantes ou de seguidores desses esportes nos últimos tempos. Um exemplo é o tênis de campo, que, após a conquista do atleta Gustavo Kuerten (Guga) no torneio de Roland Garros e depois de esse atleta tornar-se o número 1 do *ranking* mundial entre os tenistas, ganhou maior visibilidade na mídia, o que levou a prática do tênis de campo a se expandir em espaços escolares, clubes, praças e projetos sociais, entre outros.

Outra modalidade de tênis muito praticada em nosso país é o tênis de mesa, também conhecido como *pingue-pongue*. Apesar de sua prática geralmente estar presente nas aulas de Educação Física ou no pátio da escola durante o intervalo das aulas, essa modalidade caracterizou-se como uma atividade física de recreação ou de lazer, o que levou o Brasil a demorar para conquistar maior representatividade mundial nesse esporte. Além disso, os melhores atletas do tênis de mesa sempre estiveram concentrados em países asiáticos, principalmente China, Coreia do Sul, Coreia do Norte e Japão.

O badminton surgiu na Índia com o nome de *poona* e, no século XVI, com a colonização inglesa, expandiu-se para a Europa. Esse esporte ficou mundialmente conhecido dessa forma em razão de sua popularidade na propriedade do duque de Beaufort, do condado de Badminton (González; Darido; Oliveira, 2014). Muito popular em países asiáticos como Índia, Indonésia, Tailândia, China e Paquistão, o badminton alcançou diversos países e atualmente é uma das modalidades mais praticadas do mundo. No Brasil, vem ganhando cada vez mais espaço e tem sido praticado em contextos educacionais e nas modalidades participativa ou de rendimento, com o propósito de revelar atletas de alto nível competitivo.

Curiosidade

A velocidade de um saque no badminton leva a peteca a atingir uma velocidade de até 300 km/h.

Nesse contexto sociocultural das modalidades esportivas de rede/parede, não podemos deixar de citar algumas que surgiram em nosso país ou que foram criadas por brasileiros, como o **manbol**, o **futsal**, o **futevôlei** e a **peteca**. De acordo com a Confederação Brasileira de Manbol – CBM (Manbol, 2019), essa modalidade foi criada em 2004 na cidade de Belém, no Pará, por Rui Hildebrando. No entanto, a ideia desse jogo surgiu tempos atrás, quando duas crianças da Região Norte brincavam de jogar mangas em vez de bola, e disso veio o nome desse esporte. Atualmente, embora essa modalidade esteja concentrada na Região Norte do Brasil, tem ganhado visibilidade e se expandido para outros lugares do país e da América Latina.

Para saber mais

O manbol é o único esporte no mundo praticado com duas bolas ovais simultaneamente. Conheça mais sobre essa modalidade acessando o *site*:

MANBOL. Disponível em: <www.manbol.com.br/>. Acesso em: 17 fev. 2019.

O futevôlei surgiu por volta da década de 1960, na praia de Copacabana, no Rio de Janeiro, quando jovens improvisaram sobre a areia uma quadra com as mesmas dimensões do vôlei. Envolvendo algumas técnicas do futebol com o vôlei, essa modalidade foi se expandindo pelo Brasil e por outras partes do mundo (CBFv, 2019). Já o futsac é mais recente e foi criado em 2002 por Marcos Juliano Ofenbock na cidade de Curitiba, no Paraná. Essa modalidade, que é uma mistura de futevôlei com tênis e futebol, é praticada com uma pequena bolinha recheada de plástico granulado reciclado em uma quadra que mede 10 m × 5 m, com uma rede divisória de 1,5 m de altura. Atualmente, concentra-se na Região Sul do país (Portal Futsac, 2019).

De acordo com a Confederação Brasileira de Futsac (Cbfsac), além do envolvimento com outras modalidades esportivas, a ideia da invenção do esporte surgiu em 1998, quando seu criador realizou um intercâmbio na Austrália e conheceu o footbag, uma modalidade esportiva da Oceania na qual o jogador tinha de realizar malabarismos com os pés em uma bola parecida com a de futsac (Portal Futsac, 2019). Diante disso, percebemos as influências culturais nas diferentes manifestações esportivas, que podem despertar o interesse por uma prática ou desenvolver adaptações nas já existentes para a invenção de outras.

De forma semelhante, tempos atrás, a peteca era jogada pelos nativos brasileiros antes da chegada dos portugueses, e sua prática era realizada como forma de recreação. Em 1920, nos Jogos Olímpicos realizados na Antuérpia (Bélgica), os brasileiros levaram a peteca para a realização do aquecimento dos atletas, o que causou grande curiosidade e interesse de outros países, principalmente da Finlândia. Apesar da demora na criação ou no registro das regras oficiais para caracterizar a peteca como uma modalidade esportiva, sua prática esteve presente nas diversas regiões no país e espalhou-se para outros lugares do mundo. Atualmente, a Confederação Brasileira de Peteca (CBP) está localizada no estado de Minas Gerais, e a Federação Internacional (FIP) de Peteca está sediada em Berlim, na Alemanha (CBP, 2019).

No entanto, algumas modalidades esportivas, como ringo-sport, sepaktakraw, pelota basca e raquetebol, que também fazem parte do grupo de rede/parede, ainda buscam maior representatividade nacional. Até o momento, são poucos os praticantes desses esportes no país, o que impossibilita a formação de equipes ou de clubes e, consequentemente, a criação de confederações para a regulamentação deles no Brasil.

A falta de incentivo ou de recursos em certas modalidades esportivas é o principal entrave para que o Brasil não ganhe maior interesse de praticantes ou de seguidores e maior representatividade em competições internacionais. No entanto, acreditamos que há outra forma de despertar a atenção do público para esses esportes, por meio das aulas de Educação Física. Assim, ao encerrarmos esta seção sobre os elementos sócio-históricos das modalidades de rede/parede, podemos refletir criticamente sobre algumas questões associadas a alunos e a professores, como o processo teórico de ensino-aprendizagem das diferentes manifestações socioculturais que envolvem o esporte como um todo e, também, o interesse de ambas as partes em projetos escolares que desenvolvam outras possibilidades práticas de conhecer e vivenciar os esportes complementares.

4.2 Fundamentos técnicos das modalidades esportivas de rede/parede

Uma das principais características das modalidades de rede divisória ou parede de rebote é que não deve haver contato físico entre os jogadores adversários. Nessas modalidades, individuais ou coletivas, os jogadores devem ficar posicionados em sua quadra ou em seu campo, de maneira que a execução dos fundamentos técnicos seja realizada com toque único, ou seja, não é permitida a condução do objeto (peteca, argola ou bola) ou o mesmo jogador dar dois toques ou batidas simultâneas nele. Assim, como principais elementos técnicos executados nos esportes de rede/parede, podemos destacar: saque, recepção, levantamento, rebatida, percepção espaço-temporal e empunhadura.

Os jogos de rede/parede iniciam-se com a execução do saque, no qual um atleta deve golpear o objeto com a mão ou com o pé (futevôlei, futsac) em direção à quadra adversária. Existem várias formas ou maneiras de realizar o saque: sua execução pode ser rápida ou lenta, exigindo mais ou menos força do atleta, no entanto, a precisão é fundamental para a trajetória da bola ou da peteca em direção aos espaços vazios da quadra ou do campo adversário.

A técnica empregada para a execução dos gestos relaciona-se diretamente com a postura do corpo, ou seja, em cada fundamento técnico realizado o atleta deve executar a posição correta de seus membros inferiores ou superiores. Vamos exemplificar com o toque, um fundamento muito realizado em um jogo de vôlei. Para sua execução, é necessário que o atleta mantenha a

> posição do seu corpo com os braços semiflexionados, as mãos abertas imitando a forma da bola e cotovelos paralelos ao corpo, as pernas semiflexionadas, mantendo uma boa base de equilíbrio, sempre com uma perna à frente. Além disso, no momento do toque, o jogador deve impulsionar pernas e braços num movimento bem sincronizado e natural. (Lemos, 2004, p. 9)

A empunhadura envolve especialmente a região dos dedos, do punho ou do braço, e sua a técnica está relacionada com o tipo ou tamanho de raquete e com o objeto de jogo de cada modalidade de rede ou parede. Existem vários tipos de empunhadura, classificados conforme a modalidade. No tênis de mesa, por exemplo, podem-se destacar os tipos caneta, clássica e/ou classineta (González; Darido; Oliveira, 2014). No tênis de campo, há as empunhaduras continental, *eastern* de *forehand*, *semi-western* de *forehand*, *western* de *forehand* e *eastern* de *backhand* (Moraes; Raimundo, 2009). No badminton, a empunhadura pode ser *forehand*, na qual a raquete deve ser segurada como se o jogador estivesse apertando a mão com ela, ou *backhand*, em que o jogador deve virar a mão ligeiramente, colocando o dedão contra as costas do punho da raquete (Febasp, 2017).

De maneira geral, todos os gestos técnicos são realizados como um ato de ação para defender ou atacar, fazendo com o objeto do jogo (bola, argola ou peteca) seja enviado aos espaços vazios da quadra adversária ou de maneira que dificulte a defesa ou o contra-ataque do adversário. No entanto, apesar das semelhanças entre os fundamentos técnicos, as modalidades de muro e algumas de rede apropriam-se necessariamente do uso de raquete como instrumento para que o jogador possa sacar ou devolver a bola à quadra adversária ou à parede.

No quadro a seguir, classificamos algumas das modalidades de rede/parede que se utilizam de raquete ou não para a realização de sua prática.

Quadro 4.1 Modalidades de rede/parede

Modalidades de rede sem raquete	Peteca Voleibol Vôlei de praia Futevôlei Ringo-sport Sepaktakraw Futsac Manbol Punhobol
Modalidades de rede com raquete	Badminton Tênis de campo Tênis de mesa Pádel
Modalidades de parede	Pelota basca Raquetebol Squash Wall handball

Como nas demais modalidades esportivas classificadas em outros grupos como de invasão, de taco e campo e de combate ou naquelas em que não há interação entre os jogadores, a execução dos gestos técnicos não ocorre de forma isolada, ou seja, envolve diversas capacidades físicas, entre elas flexibilidade, potência, resistência, velocidade, força e agilidade, além das tomadas de decisão em determinados lances do jogo. Por exemplo, no tênis de mesa, praticado individualmente ou em duplas, o atleta possui autonomia para tomar as decisões que julga serem as mais corretas em situações de rebater a bola durante a partida.

Curiosidade

A partida de tênis mais longa da história ocorreu em 2010, no Torneio de Wimbledon, quando o jogador americano John Isner venceu o francês Nicolas Mahut após 11 horas e 5 minutos de jogo. Para chegar ao término da partida, foram necessários intervalos ao longo de três dias.

Com relação às principais capacidades físicas, o tênis de mesa exige do jogador velocidade de reação, agilidade e orientação espacial. Já o tênis de campo, no qual o tempo de jogo pode durar até 4 ou 5 horas, exigem-se as capacidades físicas de força, resistência e flexibilidade, fundamentais para que o jogador possa atacar e defender-se do adversário em lances que ocorrem durante a partida.

Nas demais modalidades, como vôlei, badminton, peteca e punhobol, as capacidades físicas possuem semelhanças para a execução dos movimentos, como velocidade, agilidade para deslocamentos, tempo de reação, força explosiva em saltos e ataque, resistência física, entre outras.

Diante disso, percebemos que as modalidades de rede/parede envolvem principalmente o movimento de rebater combinado com outros fundamentos técnicos de ataque ou de defesa. Para isso, é necessário correr para onde o objeto estiver durante o jogo e saltar para alcançar a bola ou a peteca o mais alto possível ou lançá-la para depois rebatê-la nos movimentos de saque (Darido; Souza Junior, 2015). Percebemos, também, que muitos dos movimentos físicos para execução dos fundamentos técnicos das modalidades de rede/parede são repetitivos, como o vaivém do objeto de jogo (bola, peteca ou argola). Por isso, a orientação correta dos gestos corporais para a execução do movimento e a preparação física adequada ao tipo específico da modalidade a ser praticada são fundamentais para prevenir ou evitar lesões nos jogadores.

A execução e a preparação dos elementos técnicos permite ao jogador maior capacidade para fazer com que o objeto seja lançado ou rebatido corretamente aos espaços vazios do campo ou da quadra adversária, além de fazer com que o adversário tenha dificuldade em devolver a bola. Portanto, para se alcançar o objetivo do jogo, os gestos técnicos relacionam-se diretamente aos elementos táticos, sendo essenciais para a realização de estratégias de jogo. Por isso, na próxima seção, vamos abordar os elementos táticos dessas modalidades.

4.3 Fundamentos táticos das modalidades esportivas de rede/parede

Os fundamentos táticos das modalidades de rede/parede são bastante semelhantes. Com o objetivo de lançar, arremessar ou bater o objeto (bola, peteca ou disco) em direção à quadra contrária, a estratégia de ataque pode ser realizada de forma direta ou indireta. Por exemplo, em esportes como tênis, badminton ou peteca, o vaivém da bola ou da peteca deve ser direto de um lado da quadra/campo para o outro. Já em esportes como vôlei de praia, voleibol ou punhobol, o objeto do jogo pode ser devolvido de forma direta ou indireta. A forma indireta é quando podem ser feitos passes entre os jogadores da mesma equipe antes de passar o objeto à quadra/campo do adversário, segundo González, Darido e Oliveira (2014).

Ainda com base nos autores citados, assim como o ataque busca enviar o objeto de jogo aos espaços vazios da quadra/campo do adversário, a tática de defesa procura ocupar os espaços do próprio lado da quadra/campo para recepcionar ou rebater o objeto do jogo para o outro lado, de maneira que dificulte a defesa do adversário.

As modalidades de rede/parede podem ser praticadas de forma individual ou coletiva. O vôlei é um esporte coletivo com mais de dois jogadores em cada equipe. Assim, em um rodízio de seis jogadores, cada um deles deve se posicionar em determinados espaços da quadra para exercer funções estratégicas que envolvem a ação de defender e de atacar, exigindo a execução de diversos fundamentos técnicos específicos para cada posição, como saque, passe, recepção, bloqueio e cortada.

Curiosidade

- A velocidade de um saque/serviço no voleibol pode alcançar os 140 km/h. [...]
- Um jogador numa partida é capaz de fazer entre 60 a 80 saltos. [...]
- O jogo mais longo que já foi jogado a nível profissional foi a final dos Jogos Olímpicos de 1976, onde [sic] a Polónia e a União Soviética jogaram durante 4 horas e 36 minutos.

Fonte: Sportregras, 2019.

Como nas demais modalidades de esporte coletivo, outra característica do voleibol refere-se aos sistemas táticos utilizados como estratégia de jogo. Entre eles, destacamos os seguintes: 5 × 1, 6 × 0, 3 × 3 e 4 × 2 (simples ou invertido). Nesses sistemas, os atletas precisam realizar algumas movimentações em diferentes direções para executar um ato defensivo ou ofensivo, de maneira a enganar ou dificultar a defesa adversária.

Já entre as modalidades de rede/parede praticadas de forma individual ou em dupla, podemos mencionar como principal característica tática "que sempre se joga interceptando (defesa) da trajetória da bola, disco ou da peteca ao mesmo tempo em que se tenta jogá-la para o lado do adversário (ataque)" (Gonzaléz; Darido; Oliveira, 2014, p. 61). Apesar das semelhanças quanto à intercepção do objeto, o que diferencia uma modalidade da outra é o uso ou não da raquete para sua prática. Por exemplo, na peteca, o jogador pode bater nela com qualquer uma das mãos; já no badminton, o jogador só pode impulsionar a peteca com a mão que segura a raquete.

Portanto, para criar estratégias táticas nas modalidades individuais ou em duplas de rede/parede que possam gerar condições para atacar ou criar espaços na quadra adversária, o atleta deve compreender exatamente o que deve fazer durante o jogo. Dessa forma, em modalidades como badminton ou peteca, por exemplo, os atletas devem criar estratégias para realizar as seguintes ações (Gonzaléz; Darido; Oliveira, 2014, p. 66):

- *Criar espaços na quadra adversária para atacar;*
- *O que fazer para marcar o ponto;*
- *O que fazer para atacar em duplas;*
- *Que fazer para defender o seu espaço do lado da quadra;*
- *Que fazer para defender um ataque, e*
- *Que fazer como defender em duplas.*

Diante disso, percebemos que as intenções táticas estão relacionadas diretamente com a técnica dos fundamentos de cada modalidade esportiva, ou seja, se o jogador pretende realizar um tipo de saque ou rebater a bola com mais força, deve aprimorar a técnica desses gestos para executá-los de forma mais eficaz como uma estratégia de jogo. Portanto, pensando em um processo de ensino-aprendizagem, é interessante fazer uso de métodos que possibilitem ao aluno a compreensão do jogo conforme as regras e os elementos técnicos exigidos para possibilitar estratégias táticas em cada modalidade esportiva de rede/parede.

4.4 Processo de ensino--aprendizagem das modalidades esportivas de rede/parede

O processo de ensino-aprendizagem de determinada modalidade esportiva se dá por meio da compreensão do jogo e das capacidades físicas, técnicas e táticas envolvidas nele. Sadi et al. (2004, p. 9) consideram que "o homem como ser social aprende os movimentos que necessita para viver por meio de seu corpo. No esporte, esta aprendizagem ocorre pelas práticas, experiências, pelos exercícios, movimentos". Nesse sentido, enfatizamos que as práticas corporais não devem ser ensinadas ou aprendidas pelo aluno somente na dimensão do *saber fazer*, mas desenvolvidas dentro dos processos de *saber sobre* e *saber ser*, ou seja, é necessário organizar a estrutura da aula de Educação Física abrangendo as dimensões procedimentais, conceituais e atitudinais de modo a garantir a formação de cidadãos por meio do esporte.

Assim, nesta seção, apresentaremos algumas reflexões sobre o processo de ensino-aprendizagem, a fim de possibilitar ao professor tomar decisões corretas sobre o que, quando e como ensinar e, assim, garantir a aprendizagem efetiva do aluno no contexto das modalidades de rede/parede.

> Nesse sentido, o professor precisa pensar nos seguintes aspectos ao elaborar seu planejamento: "'o que se deve saber?' (dimensão conceitual); 'o que se deve saber fazer?' (dimensão procedimental); e 'como se deve ser?' (dimensão atitudinal), com a finalidade de alcançar os objetivos educacionais" (Darido, 2012, p. 52).

Com relação a **o que ensinar**, essa dimensão refere-se ao conteúdo específico de uma modalidade de rede/parede, em que o aluno deverá compreender seu contexto sociocultural, suas regras, seus gestos técnicos e suas estratégias táticas, além de refletir sobre tomadas de decisão em determinados lances do jogo. Destacamos, ainda, a aprendizagem envolvendo as dimensões procedimentais, conceituais e atitudinais, isso porque se deve propor uma aprendizagem ao aluno de maneira crítica e reflexiva, de modo a promover a formação humana, ou seja, o desenvolvimento de valores e atitudes por meio do esporte, o que também é conhecido como *fair play*.

No que se refere a **quando ensinar**, tomamos como referência os estudos de González, Darido e Oliveira (2014, p. 16) para destacar que "a distribuição dos conteúdos ao longo de um determinado período, é diretamente condicionada pelo tempo atribuído por cada grupo constituído à aprendizagem de cada prática corporal no ciclo de trabalho considerado". Portanto, dentro de um plano ou método pedagógico de ensino das modalidades esportivas de rede/parede, o conteúdo deverá ser planejado levando em consideração o tempo ou a duração das atividades e o quantitativo de aulas semanais, mensais ou anuais, respeitando a idade e o perfil do aluno.

Ao pensar em estratégias ou métodos de **como ensinar**, deve-se levar em consideração diversos fatores, como perfil e maturação biológica dos praticantes, meio sociocultural em que eles estão inseridos, estrutura e organização do espaço físico, relação com o outro e estabelecimento de regras, interesses e intencionalidades dos praticantes quanto à prática vivenciada. Todos esses fatores estão interligados e devem ser contemplados na elaboração de uma aula, tanto na dimensão da educação como na do rendimento. Nesse sentido, propomos uma possível estrutura de aula que seja constituída por três etapas: introdução, desenvolvimento e avaliação.

A **introdução** é o momento em que os encaminhamentos das atividades são realizados, propiciando uma ligação do conteúdo da aula anterior com a presente, ou seja, estabelece-se uma conexão entre as atividades que foram e que ainda serão executadas. Para o início da aula, sugerimos uma roda de conversa como um método por meio do qual os alunos possam refletir e compreender o que será feito, além de socializar informações e sugestões com os colegas e o professor.

A segunda etapa refere-se ao **desenvolvimento**, ou seja, a parte prática das atividades. Para uma melhor compreensão dessa discussão, tomemos como exemplo um jogo de peteca, no qual o professor exerce a primeira parte contextualizando o jogo, explicando as regras e separando os alunos para a prática. Feito isso, vem a segunda parte, ou seja, o desenvolvimento da aula em que é realizada a atividade prática e os alunos deverão executar os fundamentos técnicos e táticos na tentativa de atingir os objetivos do jogo, que é rebater a peteca para os espaços vazios da quadra adversária.

A terceira parte da estruturação de uma aula volta-se para a **avaliação**. Nessa etapa, podemos novamente utilizar a roda de conversa, porém, dessa vez, para refletir sobre o que foi realizado na aula. A exemplo do que ocorre na primeira parte da aula, nesse momento as práticas não estão mais acontecendo, mas deve-se incentivar os alunos a falar sobre as atividades e a refletir sobre suas tomadas de decisão, bem como sobre suas dificuldades e facilidades durante a aprendizagem. Esse momento também permite que o professor reflita sobre sua metodologia de ensino e se ela está dando certo, ou seja, se os alunos estão conseguindo atingir os objetivos propostos para a aula.

Diante dessa proposta, é necessário levar em consideração que o direcionamento do conteúdo da aula deve ser aplicado de maneira que os alunos tenham contato direto com o objeto (bola, argola ou peteca) ou instrumento de jogo (raquete). Destacamos, ainda, que nas modalidades de rede/parede o foco do processo de ensino- aprendizagem está no comportamento dos alunos em relação às situações de jogo, e não na realização isolada das habilidades técnicas (fundamentos) que compõem os esportes. Dessa forma, com base nos estudos de González, Darido e Oliveira (2014), recomendamos que os planos dessas modalidades sejam propostos essencialmente com a utilização de jogos reduzidos, acompanhados da intervenção do professor, que deve privilegiar a problematização e a reflexão dos alunos em relação às ações realizadas.

Ao finalizar esta seção, consideramos que as modalidades de parede/rede apresentam fundamentos técnicos bastante semelhantes, entre eles arremessar e rebater.

4.5 Especificidades de algumas modalidades esportivas de rede/parede

Nesta seção, abordaremos a especificidade de duas modalidades, uma do grupo classificatório de rede (**punhobol**) e outra de parede (**squash**). Para que você possa compreender as especificidades dessas modalidades classificadas como rede/parede, buscamos informações referentes a aspectos como história, principais regras, equipamentos necessários para a prática e algumas curiosidades sobre esses esportes complementares.

4.5.1 Punhobol

Acredita-se que o punhobol tenha surgido no início do século XVI, na Itália. No entanto, sua maior difusão se deu na Alemanha, no fim do século XVIII, país que, até os dias atuais, junto com a Áustria e a Suíça, é um dos conta com um grande número de praticantes dessa modalidade.

No Brasil, o punhobol foi trazido pelo alemão Georg Black no início do século XX. Sua prática inicialmente esteve concentrada nos três estados da Região Sul do país (Paraná, Santa Catarina e Rio Grande do Sul), em localidades que tiveram maior colonização de alemães e, posteriormente, expandiu-se para São Paulo e Rio de Janeiro. Atualmente, o país tem cerca de cem equipes que disputam competições em categorias divididas desde os 13 até acima dos 45 anos. Essas competições são organizadas pela Confederação Brasileira de Desportos Terrestres (CBDT), que é responsável pela representação desse esporte no Brasil (CBDT, 2019a).

O punhobol apresenta características muito semelhantes ao vôlei, com a diferença de que é composto por cinco jogadores em cada equipe, sua prática deve ser em campo de grama com dimensões de 50 m × 20 m e todas as jogadas de ataque devem ser efetuadas com o punho fechado e as jogadas de defesa devem ser realizadas com o antebraço. Com base nas informações disponibilizadas no *site* da CBDT (2019a), resumimos um conjunto de informações a respeito do punhobol no Quadro 4.2 para que você possa compreender melhor esse esporte complementar.

Quadro 4.2 Regras da modalidade de punhobol

Regras Punhobol	Em uma quadra dividida ao meio por uma linha – a 2 metros de altura para homens e 1,90 m para mulheres – por uma rede, fita ou corda, colocam-se frente a frente duas equipes de cinco jogadores. Cada equipe tem por objetivo rebater a bola sobre a rede (fita/corda), de maneira a impedir ou pelo menos dificultar a sua devolução pelo adversário. Uma jogada perdura até que uma das equipes cometa um erro ou haja outro tipo de interrupção. Cada erro de uma equipe contabiliza um ponto positivo para a equipe adversária. Vence o jogo a equipe que: em um jogo por séries vence dois ou, no máximo, cinco séries ("sets"), em um jogo por tempo, obtém o maior número de pontos
A Quadra	A quadra é um retângulo de 50 m de comprimento por 20 m de largura. O chão deve ser composto por um gramado horizontal plano. É dividida por uma linha central em dois campos de 25 m, um para cada equipe. Paralelamente à linha central e a 3 m da mesma marca-se uma linha de saque em cada campo. As linhas limítrofes pertencem ao campo – a linha central pertence a ambos os campos de jogo. Entre dois postes verticais, livremente posicionados nas intersecções da linha central com as linhas laterais é esticada uma rede ou fita a 2,0 m de altura, com uma largura de 3 cm a 6 cm – a altura da rede para o naipe feminino adulto é 1,90 m. Jogos sob iluminação artificial são permitidos.

(continua)

(Quadro 4.2 – continuação)

A Bola	A bola de punhobol é oca, uniformemente esférica e completamente pressurizada. Sua cor básica é a branca, com no máximo 20% de área colorida dividida em vários pontos da superfície. • Peso da bola: 350 a 380 gramas • Circunferência: 65 a 68 cm • Pressão de ar: 0,55 a 0,75 bar
A Equipe	Cada equipe conta com cinco jogadores e três reservas. Os oito jogadores podem ser trocados livremente, isto é, sem limites de substituições. Somente podem ser efetuadas pela equipe que vai dar o saque, depois de concluída uma jogada e mediante prévio aviso ao juiz. Os atletas substituídos e substituintes devem sair e entrar na quadra pela altura da linha de saque do próprio campo.
Duração do jogo	O jogo termina quando uma equipe vence a maioria dos sets disputados (2 ou 3 sets, em um jogo de 3 ou 5 sets). Um set é vencido logo que uma equipe obtém **11 pontos** com diferença mínima de 2 pontos. Caso contrário, joga-se até que haja uma diferença de 2 pontos. O set, entretanto, termina quando uma equipe atinge 15 pontos.
O Jogo	Todos os pontos começam com um saque. Diferentemente do vôlei, a equipe que errou é quem sacará o próximo ponto. Vale lembrar ainda que qualquer jogador pode sacar – não há obrigatoriedade de ordem. Tocar na rede, fita ou corda, bem como nos postes e jogar a bola para fora das linhas da quadra equivale a um erro. O jogador que for rebater a bola tem de fazer isso com os punhos ou com o braço, e apenas uma única vez. Quando se bate com o punho, as pontas dos dedos devem estar tocando a palma da mão. Quando se bate com o braço a mão deve estar aberta. A bola só pode ser rebatida apenas três vezes, e só pode quicar no campo uma única vez entre cada rebatida. Se dois jogadores baterem na bola ao mesmo tempo, contam-se duas rebatidas. A bola deve passar sobre a fita. Se o jogador tocá-la, é ponto para o time adversário. Por outro lado, ele pode passar por baixo dela até o outro campo, desde que não interfira na jogada do time adversário.

(Quadro 4.2 – conclusão)

Marcação dos pontos – quando acontece?	▪ a bola ou o corpo de um jogador toca a fita ou os postes de sustentação da fita; ▪ a bola bate em qualquer parte do corpo que não seja o braço de um jogador ou sua mão fechada; ▪ a bola toca o solo duas vezes consecutivas; ▪ a bola toca fora dos limites da quadra; ▪ a bola toca o campo adversário, passado por baixo da fita; ▪ uma equipe toca mais do que três vezes na bola; ▪ a bola passa para o campo adversário, tendo seu último toque com o solo e não com o braço, ou a mão fechada de um jogador; ▪ um mesmo jogador toca mais de uma vez na bola antes que ela seja tocada por um adversário; ▪ ao dar o saque, o jogador invade a área de saque (3 m).

Fonte: CBDT, 2019b, grifo do original.

Diante dessas informações, percebemos que o punhobol pode ser praticado em diferentes ambientes, principalmente em escolas, como conteúdo do esporte ou como jogo pré-desportivo das aulas de Educação Física, pois suas regras são acessíveis à compreensão dos alunos e são necessários poucos materiais para sua prática, podendo inclusive ser adaptado para quadras ou pátios.

4.5.2 Squash

Sobre o squash, como acontece em outros esportes, há divergências quanto à sua invenção. Existe uma versão segundo a qual o squash surgiu no século XIX em prisões da Inglaterra, nas quais os presos arremessavam bolinhas dentro das celas para se exercitarem. Outra versão parte de relatos que enfatizam que o squash nasceu com base nas regras do tênis.

Com relação ao histórico dessa modalidade no Brasil, acredita-se que apareceu no início da década de 1920, quando os ingleses vieram ao país em busca de ouro na região de São João Del Rey, em Minas Gerais. Na ocasião, eles instalaram uma das primeiras quadras desse esporte para sua prática durante o período em que estiveram nessa localidade.

De acordo com o *site* da Confederação Brasileira de Squash (CBS), atualmente esse esporte é praticado em aproximadamente 190 países e conta com 147 confederações nacionais filiadas à Word Squash Federation. A expectativa é que esse esporte passe a integrar uma das modalidades no programa olímpico das próximas Olimpíadas (CBS, 2019).

Para saber mais

Você já praticou squash nas aulas de Educação Física ou como atividade extracurricular? Sabe quais são as regras básicas para a prática desse esporte? Para saber mais sobre o squash, sugerimos os vídeos a seguir:

ABELHEIRA, M. A. Regra geral. **#squash em 1 minuto**. Disponível em: <www.youtube.com/watch?v=PnB1MPjLmNM>. Acesso em: 28 fev. 2019.

____. Batidas básicas principais. **#squash em 1 minuto**. Disponível em: <https://www.youtube.com/watch?v=lOBbUDIVsWM>. Acesso em: 28 fev. 2019.

Após discorrer sobre o histórico do squash, vamos conhecer um pouco mais sobre essa modalidade esportiva.

Inicialmente, podemos afirmar que o squash é um esporte praticado entre dois jogadores em um espaço composto por uma parede frontal, duas paredes laterais e uma parede de fundo que deve ser de vidro (Figura 4.1). Os atletas têm como objetivo lançar a bola na parede frontal, mas ela também pode bater nas paredes laterais tanto antes quanto depois de bater na parede frontal. Assim que a bola voltar, não deve quicar duas vezes no chão antes de retornar à parede.

Cada jogador deve bater a bola uma vez de maneira que um não atrapalhe o outro. No entanto, cada sacada na bola busca dificultar a defesa do adversário ou fazer com que ele não consiga devolvê-la à parede. A partida ocorre com o melhor de três ou cinco *games*; no entanto, para vencer cada *game*, o jogador deve somar 11 pontos, com dois pontos de diferença. Se chegar a 10 pontos iguais, um jogador deverá abrir 2 pontos de vantagem sobre o adversário (CBS, 2019).

Apresesntamos as regras dessa modalidade, conforme as *Regras mundiais do squash 2014*, publicadas pela World Squash Federation (WSF).

Regras do squash

1. O JOGO

1.1. O jogo de Squash Individual é disputado entre dois jogadores, cada um usando uma raquete para golpear a bola. A quadra, bola e raquete devem estar de acordo com as especificações da WSF [...].

1.2. Cada rally é iniciado com um serviço, e os jogadores rebatem a bola alternadamente até que o rally acabe (ver Regra 6: A Partida).

1.3. A partida deve ser contínua enquanto for praticada.

2. A PONTUAÇÃO

2.1 O vencedor do rally marca 1 ponto e serve para iniciar o próximo rally.

2.2 Cada game é jogado até 11 pontos, exceto se a pontuação chegar a 10-iguais, a partida continuará até um dos jogadores lidere por 2 pontos de diferença.

2.3 A partida é normalmente em melhor de 5 games, mas poderá ser em melhor de 3 games.

[...]

6. A PARTIDA

6.1 Se o saque for bom, a partida continua enquanto cada retorno for bom, ou até que um jogador peça um let ou apele, ou um dos Oficiais faça uma chamada, ou a bola toca em um dos jogadores ou sua roupa ou na raquete do não batedor.

6.2 Um retorno é bom se a bola:

> **6.2.1** é golpeada corretamente antes de que pique 2 vezes no piso; e
>
> **6.2.2** sem tocar em nenhum jogador, ou sua roupa ou raquete, bate na parede frontal, seja diretamente ou após bater em qualquer outra parede, acima da lata e abaixo da linha de cima, sem primeiro ter tocado o piso; e
>
> **6.2.3** rebotar da parede frontal sem tocar na lata; e
>
> **6.2.4** não for fora.

[...]

8. INTERFERÊNCIA

8.1 Após completar um movimento razoável, o jogador deve fazer todo esforço para "sair", de modo que quando a bola rebotar da parede frontal o adversário tenha:

> **8.1.1** uma visão razoável da bola no seu rebote da parede frontal; e
>
> **8.1.2** acesso direto e desobstruído para a bola; e
>
> **8.1.3** espaço para fazer um swing razoável para a bola; e
>
> **8.1.4** liberdade para golpear a bola para qualquer parte da parede frontal. Interferência ocorre quando o jogador não permite ao adversário estes requerimentos.

8.2 O batedor que acredita que uma interferência tenha ocorrido, pode parar e pedir um let, preferencialmente dizendo "Let, please." Este pedido deve ser feito imediatamente.

[...]

Fonte: WSF, 2014, p. 2-6, grifo do original.

Para saber mais

Essas são apenas algumas das regras que consideramos essenciais para a compreensão da prática do squash. Para saber mais, acesse o documento completo:

WSF – World Squash Federation. **Regras mundiais do squash individual 2014**. Tradução de Nelson Neto. São Paulo: CBS, 2014. Disponível em: <http://cbsquash.com.br/cbs-arquivos/2014-Regras-squash-portugu%C3%AAs.pdf>. Acesso em: 28 fev. 2019.

Na Figura 4.1, podemos observar que a quadra de squash tem o formato de uma caixa retangular com quatro paredes, sendo uma frontal, duas laterais e uma do fundo, que geralmente é de vidro que o jogo possa ser visualizado. A quadra tem piso elevado e uma altura livre acima de sua área.

Figura 4.1 Quadra do squash

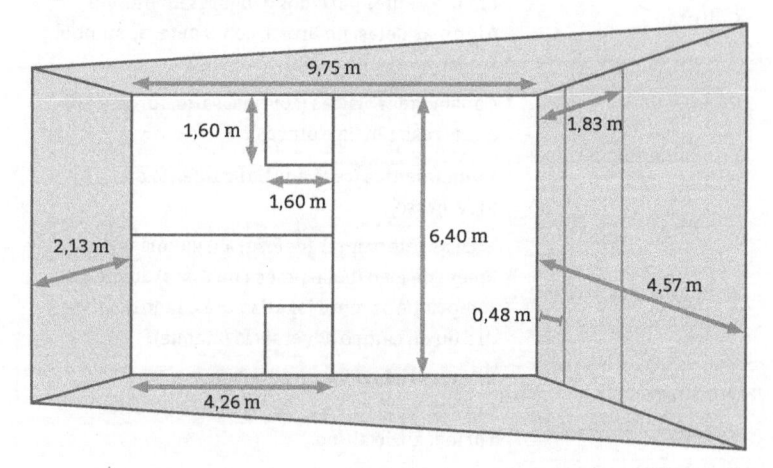

Fonte: Pequita Sports Systems, 2019.

Ao encerrar este tema, reforçamos que apresentamos apenas algumas das modalidades que fazem parte do grupo classificado como rede/parede, porém, diante das especificidades destacadas, foi possível perceber que as semelhanças entre os esportes desses tipos faz com que seja possível transmitir o conhecimento de um a outro. Nesse sentido, esperamos que você possa refletir sobre as várias possibilidades de praticar os diferentes tipos de modalidades esportivas e, por fim, que esses esportes considerados complementares sejam tão prazerosos quanto os hegemônicos.

Síntese

Modalidades esportivas de rede/parede	
Modalidades de rede	Peteca, voleibol, vôlei de praia, futevôlei, ringo-sport, sepaktakraw, futsac, manbol, punhobol, tênis de campo, tênis de mesa, badminton e padel.
Modalidades de parede	Pelota basca, raquetebol, squash e wall handball.
Cultura	As modalidades de rede/parede surgiram em diferentes períodos e lugares do mundo. Algumas delas, no Brasil, como peteca, manbol, futsac e vôlei de praia.
Fundamentos técnicos	Capacidades físicas (corrida, salto, força, agilidade, resistência e outras). Fundamentos (rebatida, lançamento ou arremesso).
Fundamentos táticos	Buscar interceptar (defesa) a trajetória do objeto de jogo (bola, peteca ou disco) ao mesmo tempo que se tenta jogá-la para o lado da quadra ou do campo adversário (ataque).
Processo de ensino-aprendizagem	Espaços reduzidos ou adaptados. Contato com o objeto de jogo (bola ou disco). Formação do aluno.
Especificidades	O punhobol pode ser praticado em diferentes ambientes, principalmente escolas, como conteúdo do esporte ou em jogos pré-desportivos das aulas de Educação Física.

ⅲ *Indicação cultural*

Documentário

BRILHO imenso: a história de Cláudio Kano. **Memória do esporte olímpico.** Brasília: TV Brasil, 3 dez. 2016. Disponível em: <http://tvbrasil.ebc.com.br/memoriadoesporteolimpicobrasileiro/episodio/brilho-imenso-a-historia-de-claudio-kano-0>. Acesso em: 28 fev. 2019.

O documentário apresenta a história de Cláudio Kano, um dos principais atletas brasileiros do tênis de mesa. Com a conquista de doze medalhas em Jogos Pan-Americanos, sendo sete de ouro, o mesa-tenista teve sua carreira interrompida após um trágico acidente um dia antes de embarcar para o Canadá, local onde faria sua última preparação para a Olimpíada de Atlanta (1996). No documentário, podemos refletir sobre a inspiração e o espírito esportivo desse atleta para representar seu país em sua terceira Olimpíada e suas contribuições para a prática do tênis de mesa nas futuras gerações.

■ *Atividades de autoavaliação*

1. Algumas modalidades de rede/parede utilizam raquete para sua prática. Entre elas, podemos citar:
    a) Futevôlei, ringo-sport e badminton.
    b) Sepaktakraw, manbol e tênis de mesa.
    c) Futsac, punhobol e padel.
    d) Pelota basca, raquetebol e squash.
    e) Tênis de campo, peteca e manbol.

2. Sobre as regras de substituição do punhobol, analise as sentenças a seguir e marque V para as verdadeiras e F para as falsas.
    ( ) Cinco jogadores compõem cada equipe, que possui ainda três jogadores reservas.
    ( ) Não há limite de substituições durante as partidas.

( ) Para que uma substituição aconteça, a equipe deve avisar o árbitro e aguardar o término de uma jogada.

( ) Os atletas substituídos não estão autorizados a retornar ao jogo.

Agora, assinale a alternativa que apresenta a sequência correta:

a) V, F, V, F.
b) F, V, F, V.
c) F, F, V, V.
d) V, V, V, F.
e) V, F, F, V.

3. Leia o fragmento a seguir.

> "As modalidades de rede/parede têm por objetivo arremessar, lançar ou rebater o objeto (bola, peteca ou disco) em direção aos setores da quadra ou campo adversário em que o rival seja incapaz de devolvê-la da mesma forma, ou que o leve a cometer erro" (González; Fraga, 2012, p. 117).

Com base nessa informação, assinale a alternativa que apresenta somente modalidades de parede:

a) Pelota basca, raquetebol e squash.
b) Wall handball, voleibol e badminton.
c) Padel, tênis de mesa e tênis de campo.
d) Peteca, vôlei de praia e futevôlei.
e) Manbol, futsac e tênis de mesa.

4. Sobre a modalidade de squash, analise as sentenças a seguir e marque V para as verdadeiras e F para as falsas.

( ) No squash individual, há dois jogadores que utilizam uma raquete para golpear a mesma bola.

( ) O espaço e os equipamentos de jogo não precisam estar de acordo com as especificações da federação internacional da modalidade.

( ) O *rally* começa a partir do serviço e dura enquanto os jogadores rebaterem a bola.

( ) Enquanto uma partida está em progresso, as ações devem ser contínuas.

Agora, assinale a alternativa que apresenta a sequência correta:

a) V, V, F, V.
b) V, F, V, V.
c) F, F, V, V.
d) V, V, V, F.
e) F, V, V, F.

5. Existem várias formas de empunhadura, as quais são classificadas conforme a modalidade a que pertencem. No tênis de mesa, por exemplo, podem destacar-se as formas:

a) simples, compacta e côncava.
b) gancho, segura e universal.
c) caneta, clássica e classineta.
d) slice, chapado e smash.
e) simplificada, meia-lua e tradicional.

Atividades de aprendizagem

Questões para reflexão

1. Como professor de Educação Física, explique aos alunos as diferentes classificações dos esportes, iniciando pelas modalidades de rede/parede. Apresente um vídeo do jogo de peteca para eles conhecerem a modalidade. Sugestão de vídeo:

   ABERTO Minas Shopping 2017. **TV Peteca**. 20 maio 2017. Disponível em: <www.youtube.com/watch?v=_640KrEpxs4>. Acesso em: 28 fev. 2019.

Na sequência, reúna os alunos e pergunte quais são as diferenças entre alguns esportes de invasão e a peteca (por exemplo, futebol e basquetebol). Depois, pergunte quais são as semelhanças entre outras modalidades de rede divisória e a peteca (por exemplo, tênis de campo, tênis de mesa e badminton.

2. Os Jogos Paralímpicos são considerados o maior evento esportivo para pessoas com algum tipo de deficiência. Realizados no mesmo ano dos Jogos Olímpicos, têm ganhado cada vez mais a participação de atletas e ampliado a quantidade de modalidades esportivas. Diante disso, reflita sobre as diversas modalidades que fazem parte desse evento. Das que fazem parte dos jogos, quais são consideradas hegemônicas ou complementares em nossa cultura? Os atletas representantes do Brasil obtiveram conquistas em quais modalidades? Somente nas hegemônicas? Reflita, também, a respeito das adaptações realizadas para a prática das modalidades de rede/parede.

Atividade aplicada: prática

1. Reúna um grupo de crianças de 10 a 12 anos e desenvolva a sugestão de prática a seguir.

   Conteúdo: Badminton.

   Objetivos: Aprimorar a percepção espaçotemporal, a agilidade, a velocidade de reação e a coordenação motora.

   Materiais e recursos necessários: Quadra desportiva, peteca de badminton, raquetes e rede.

   Preparo: Converse com as crianças sobre os gestos técnicos executados na prática do badminton. Em seguida, faça-as refletir sobre a natureza desse esporte, que se caracteriza por lançar, arremessar e rebater a peteca em direção a setores da quadra adversária de maneira que o oponente tenha dificuldade para devolvê-la ou que cometa um erro.

Desenvolvimento: Proponha uma atividade de controle da peteca de badminton com a raquete. Para isso, crie um circuito a ser percorrido pelos participantes. Depois dessa experiência, divida a quadra com uma rede de voleibol e separe os jogadores para que possam jogar em duplas. Oriente-os para executar movimentos alternados, rebatendo a peteca tanto de cima quanto de baixo. Determine um limite de tempo para essa prática. Na sequência, faça uma dupla jogar contra outra.

Síntese da atividade: Reúna as crianças e pergunte a elas sobre as dificuldades e as facilidades que tiveram para executar os fundamentos do badminton. Reflita com elas sobre as habilidades motoras essenciais para a prática dessa modalidade. Por fim, questione a elas se compreenderam o objetivo desse esporte e quais as semelhantes com outros esportes de rede e jogados com peteca.

Com base na experiência que você teve com o público indicado, analise como foi o desenvolvimento da atividade. Como as crianças participaram? O que você notou que as crianças executaram com mais dificuldade? Quais dificuldades você sentiu ao aplicar a atividade? O que as crianças conseguiram reter de aprendizado?

Capítulo 5

Modalidades esportivas de expressão corporal

Neste capítulo, entraremos em contato com o universo das atividades expressivas sob uma perspectiva diferente daquelas cujo principal objetivo é a realização de espetáculos. Também é distinta das atividades corporais expressivas, que têm como princípio oferecer às pessoas oportunidade de autoconhecimento. Dessa forma, trataremos da expressão corporal como modalidade esportiva institucionalizada e controlada por normas que determinam toda e qualquer ação ou movimento do praticante.

Isso mesmo! Você conhecerá um pouco mais sobre os esportes que apresentam características muito semelhantes aos espetáculos de dança e de teatro, mas que são regidos por lógicas muito específicas: a da competição, a do rendimento e a do recorde.

Assim, apresentaremos particularidades gerais sobre os esportes de expressão, indicando fundamentos técnicos e táticos, bem como orientações sobre seu processo de ensino-aprendizagem. Ao fim deste capítulo, você será capaz de compreender melhor o universo das modalidades esportivas de expressão e refletir sobre a inserção delas no universo esportivo.

5.1 Elementos sócio-históricos e culturais das modalidades esportivas de expressão corporal

Apesar da dificuldade de apresentar um panorama mais amplo, não é difícil aceitar a ideia de que as práticas corporais expressivas (dança e ginástica) fazem parte do cenário competitivo de uma significativa diversidade de povos espalhados por todos os continentes.

Independentemente de serem configuradas ou não como esporte, é muito comum a realização de desafios, disputas e festivais envolvendo modalidades de expressão corporal. Há de se questionar a ideia de que as atividades corporais expressivas possam se submeter a controles rigorosos sob o regramento que determina a forma e o modo de "expressar-se".

Nessa direção, convidamos você a refletir sobre se existe a possibilidade de uma expressão corporal livre, mesmo dentro da racionalidade do universo esportivo.

As manifestações que envolvem expressões corporais ritmadas – comumente chamadas de *dança* – acompanham a humanidade ao longo da história e apresentam íntima relação com a religiosidade, a sexualidade, a ludicidade e o prazer, transitando entre o sagrado (rituais místicos e religiosos) e o profano (aspectos sociais e divertimento). Suas formas e seus sentidos ganharam novos contornos e ritmos à medida que a sociedade transformava-se e, com isso, atribuía novos significados e finalidades à dança (Nanni, 2005).

No Brasil, já no século XIX, inúmeros clubes sociorrecreativos surgiram em todo o país para atender a grupos sociais mais abastados. Porém, não era incomum haver nos centros urbanos locais de prática ocupados pela população em geral. Mesmo incorporando ritmos e formas de dançar europeus, um jeito muito próprio foi se configurando ao longo dos anos (Paula, 2008).

Por mais que façamos a associação da dança com diversão e descontração, não é recente a ideia de ver essa manifestação cultural e artística sob o ângulo do esporte. Após a popularização da dança de salão na Europa, no início do século XX, foi realizado o primeiro campeonato mundial dessa atividade, no qual ela passou a adotar o nome de *dancesport*. Atualmente, essa modalidade esportiva é administrada pela International DanceSport Federation (IDSF) – Federação Internacional de Dança Esportiva – e é membro efetivo do Comitê Olímpico Internacional (COI) (Paula, 2008).

Hoje, os Jogos Olímpicos contemplam um universo significativo de modalidades esportivas de expressão, diferentemente do que ocorria no início dos jogos da Era Moderna, em 1890, quando a modalidade que mais poderia se aproximar dessa classificação seria a ginástica, na qual, apesar da plasticidade do movimento, a força física e a destreza eram os componentes.

É necessário esclarecer o significado dado ao termo *expressão corporal* como modalidade esportiva. Para tanto, vamos considerar alguns elementos e sua inter-relação: vigor físico, movimento performático e sentido estético.

Assim, propomos considerar a expressão corporal como a modalidade esportiva na qual os fundamentos técnicos e táticos são aplicados com o objetivo de explorar o valor físico-performático do atleta na obtenção de resultados estéticos.

5.2 Fundamentos técnicos das modalidades esportivas de expressão corporal

Para tratarmos dos fundamentos técnicos envolvidos no esporte de expressão corporal, é oportuno conhecer algumas modalidades e suas principais características.

Quadro 5.1 Esportes de expressão e suas características

Modalidade	Característica principal
Ginástica artística	Existem várias provas nessa modalidade, as quais podem ser realizadas individualmente ou em equipes, com ou sem o uso de aparelhos. Para os homens, são seis provas: solo, barra fixa, barras paralelas, cavalo com alças, argolas e salto sobre a mesa. Para as mulheres, as provas são: trave, solo, barras assimétricas e salto sobre a mesa.
Ginástica de trampolim	Esta modalidade pode ser realizada individualmente ou de forma combinada. O objetivo é realizar saltos em uma altura máxima de 6 metros utilizando um trampolim. O atleta precisa executar acrobacias, as quais são chamadas de *elementos técnicos*.
Ginástica rítmica	Modalidade feminina com provas individuais e de conjunto. Para a realização das coreografias, são utilizados aparelhos como fita, corda, maça, bola e arco.
Nado sincronizado	Este esporte pode ser realizado individualmente, em duplas (casal) ou em equipes. Consiste na realização de uma coreografia dentro de uma piscina.
Dança esportiva	Realizada exclusivamente como dança em pares, é dividida em duas modalidades com vários ritmos cada uma.
Patinação artística	Consiste na realização de coreografias com patins, com a execução de acrobacias. Há também a modalidade de patinação artística no gelo.
Saltos ornamentais	O atleta deve saltar de uma plataforma em direção à água, realizando acrobacias durante a queda.

Elegemos alguns elementos para abordar, de maneira geral, os fundamentos técnicos dos esportes de expressão corporal. E, para tanto, é necessário trazer para a discussão, ainda que de forma resumida, a concepção de *linguagem corporal*.

Mesmo com o rigor estabelecido por um regulamento esportivo, o esporte de expressão corporal tem uma função diferente de modalidades como futebol, voleibol, atletismo e outras nas quais o que está em disputa é a eficiência ou a vitória. A jogada bonita – o "futebol arte" – é uma consequência, que, nesses casos, é secundária. O êxito em uma competição esportiva de esportes de expressão corporal está intimamente ligado à capacidade do atleta de transmitir uma mensagem. Os gestos, a postura, o olhar e a música formam um conjunto de fundamentos que estabelece uma comunicação com seus interlocutores.

No entanto, essa expressividade está condicionada a exigências técnicas que são conquistadas por meio de treinamento constante para garantir o rendimento desejável dos atletas na modalidade praticada. Para Lebre (1993), o aperfeiçoamento técnico tem duas funções: obter resultados nas competições e conquistar a atenção do público.

Apresentado um primeiro fundamento técnico necessário ao atleta praticante desse tipo de modalidade, é importante esclarecer que é complexo determinar um conjunto de habilidades motoras básicas como modelo para exercícios, considerando-se a diversidade de movimentos que o atleta precisa dominar, seja na intensidade, seja no plano, seja na direção.

Um conselho de Lebre (1993) para a elaboração de um plano de treinamento para os atletas é analisar o regulamento da competição ou o código de pontuações da entidade de administração do respectivo esporte. Com base nessa orientação, a autora sistematizou um quadro com as principais exigências para atletas de ginástica rítmica que pode auxiliar outras modalidades esportivas de expressão corporal.

Quadro 5.2 Principais exigências de composição e execução para a elaboração de um exercício de competição em ginástica rítmica desportiva (GRD)

Exigências para todos os aparelhos	Exigências específicas para cada aparelho	Exigências específicas para cada ginasta
• Tempo de duração dos exercícios • Nível de dificuldade dos elementos • Tipo de elementos de dificuldade • Elementos com factor de risco • Equilíbrio do trabalho entre a mão dominante e a não dominante	• Elementos de técnica corporal obrigatórios específicos para os diferentes aparelhos • Utilização preferencial, na técnica de aparelho, dos grupos fundamentais de cada um deles	• Adequação da composição do exercício ao temperamento da ginasta • Sincronização e adequação da ligação música/movimento • Inclusão de elementos e ligações originais

Fonte: Lebre, 1993, p. 7.

É interessante observar, no Quadro 5.2, que existem três indicações distintas. A primeira coluna apresenta um conjunto de princípios a serem aplicados em todos os exercícios, independentemente do aparelho utilizado. A segunda coluna trata das especificidades dos exercícios para cada aparelho. Já a terceira coluna indica a personalização dos exercícios realizados pelos atletas, incentivando a originalidade quando à inclusão de novos elementos ou mesmo na forma de realizá-los.

Outro fundamento técnico é o ritmo. Como tratar de um esporte como esse sem considerar essa habilidade?

É pertinente destacar que, para quaisquer ações, sejam elas esportivas ou não, há a elaboração de um ritmo, de uma cadência e de uma regularidade – forte, fraco, rápido, lento – na execução de determinada tarefa. Essas ações podem ocorrer em várias situações, como no cotidiano (ao tomar banho ou fazer uma tarefa doméstica), no trabalho ou no esporte – por exemplo, na realização de uma bandeja no basquetebol ou de uma cortada em uma partida de voleibol.

No entanto, considerando-se que entre as modalidades de expressão corporal há várias nas quais a música é um elemento central, por exemplo, a ginástica rítmica, a ginástica artística, o nado sincronizado e a dança de salão, por questões didáticas vamos nos referir a *ritmo* como a habilidade de estabelecer uma harmonia entre o movimento realizado e a música executada.

A habilidade de ritmo treinada está associada às exigências de cada modalidade esportiva. Ou seja, apesar de ser fundamental um trabalho de consciência corporal do atleta nas mais variadas expressões rítmicas para a construção de uma habilidade básica, para cada esporte, é fundamental o aperfeiçoamento, conforme as necessidades da prática. É fundamental, ainda, explorar todas as alterações, direções e planos possíveis na execução dos movimentos (Freitas, 2007).

5.3 Fundamentos táticos das modalidades esportivas de expressão corporal

A dimensão estética dos esportes de expressão corporal é um aspecto de grande importância nas modalidades que se enquadram nessa classificação. Assim, a escolha de atletas que participam de competições também está sujeita aos critérios que atendam aos padrões estéticos estabelecidos, sobretudo se o desportista pretende atuar em competições internacionais (Porpino, 2004).

Essa dimensão estética exigida para a prática competitiva de esportes de expressão corporal está associada à realização de proezas que combinem dificuldade e beleza. Nesse sentido, movimentos de força, agilidade e flexibilidade estão associados à expressividade e à beleza de sua realização. E, para isso, há a necessidade da preparação física, técnica e tática centrada na dimensão estética do movimento (Porpino, 2004).

Porpino (2004), citando Fernandez Del Valle (1996), apresenta vários fatores táticos envolvidos na ginástica rítmica, cuja proposta julgamos ser pertinente para os demais esportes de expressão corporal. São eles:

> *a combinação e a estética da vestimenta, do penteado e da maquiagem; a entrada e saída da atleta na área de competição com suavidade, firmeza, beleza e elegância; a renovação e a criação de novos programas de exercícios; a seleção musical; o desempenho da ginasta na área de competição com beleza, originalidade e relação de reciprocidade com o aparelho utilizado [...] e a utilização de elementos novos e originais na coreografia.* (Porpino, 2004, p. 126)

5.4 Processo de ensino-aprendizagem das modalidades esportivas de expressão corporal

O universo de experiências motoras propiciadas na infância – aquelas que estão presentes no universo da dança – de certa forma influencia na iniciação das modalidades esportivas de expressão corporal.

O processo de ensino-aprendizagem desse esporte precisa privilegiar aspectos individuais e coletivos. E, com isso, explorar seus componentes peculiares, como criatividade, expressividade, musicalidade e movimentação em diferentes planos e direções. Apesar de Botti (2008) se referir à ginástica rítmica ao sugerir alguns princípios para um processo de ensino-aprendizagem, consideramos que é possível considerá-los para as demais modalidades dessa categoria de esporte, como segue:

- partir dos movimentos utilizados nas atividades diárias – saltar, correr, abaixar, girar, inclinar e suas variações – para construir movimentos mais elaborados;

- adaptar os equipamentos e os materiais para a estrutura física – tamanho e peso – dos alunos, bem como adequar os critérios dos movimentos obrigatórios fundamentais;
- favorecer a execução de movimentos de maneira espontânea e criativa;
- estimular e oferecer oportunidades à criança para a experimentação de formas variadas de movimentar-se;
- favorecer a realização de movimentos acrobáticos;
- ampliar gradativamente o grau de complexidade das tarefas a serem executadas.

5.5 Especificidades de algumas modalidades esportivas de expressão corporal

5.5.1 Dancesport

Não é incomum vermos festivais e competições envolvendo a dança de salão. Alguns programas de televisão têm realizado concursos e atraído a atenção do público em geral para essa atividade. Porém, tratar a dança como modalidade esportiva é considerar que há uma entidade administradora (liga, federação ou confederação) que rege o funcionamento da atividade e elabora regras que determinam seu funcionamento e sua estrutura – passos, ritmos e outros aspectos – e também o projeto burocrático e organizacional das competições. As entidades de administração esportiva procuram estabelecer parâmetros para orientar as pessoas dentro da regra do esporte. Dessa forma, os passos são codificados e descritos de maneira uniformizada em todo o mundo.

Dancesport ou *dança esportiva* é uma modalidade esportiva da dança de salão que está subordinada à Federação Internacional de Dança Esportiva (IDSF, sigla em inglês). Apesar de não fazer parte das modalidades disputadas nos Jogos Olimpicos, o COI a reconhece como esporte. No Brasil, a entidade que administra o esporte é o Conselho Nacional de Dança Desportiva e de Salão (CNDDS).

O esporte é praticado em duplas e é composto por dez ritmos internacionais, dividido em duas modalidades:

1. Modalidade *standard* – Composta pelos ritmos valsa lenta, tango internacional, valsa vienense, *slow fox* e *quick step*.
2. Modalidade *latin* – Constituída pelos ritmos samba internacional, chá-chá-chá, rumba, *pasodoble* e *jive*.

Outros ritmos também fazem parte das modalidades esportivas da dança, como *rock and roll*, *hip-hop*, salsa, *wheel-chair*, *showdance*, *formation*, *country western*, *boogie woogi* e *cheerleading*.

Os campeonatos são reconhecidos pelo requinte, e seus regulamentos dizem respeito a aspectos muito peculiares, como figuras, música e indumentária. Cada um deles estabelece a conduta, os limites e as possibilidades de ação (CNDDS, 2019).

Figuras

As figuras podem ser entendidas como passos aplicados na coreografia. Há uma restrição para o uso de passos aéreos ou *lifts*, podendo o casal ser desclassificado. Existe um momento na competição, denominado *introdução*, em que cada um pode dançar sozinho. Porém, os casais serão avaliados somente quando passarem a dançar em par, não sendo permitidas figuras abertas (casal separado). Após a introdução, os pares podem executar somente os passos constantes na lista determinada para sua categoria.

Quadro 5.3 Categorias e relação de figuras

4 – Figuras – Latinas SAMBA		
CLASSE F	CLASSE E	CLASSE D
– Natural Basic Movement	– Maypole Lady Turning R	– Natural Roll
– Reverse Basic Movement		– Reverse Roll
– Progressive Basic Movement	– Maypole Lady Turning L	– Close Rocks
		– Open Rocks
– Side Basic Movement to L	– Cruzados Walks	– Backward Rocks
– Side Basic Movement to R	– Cruzados Locks	– Plait
– Outside Basic	– Dropped Volta	– Corta Jaca
– Samba Whisk to L	– Circular Volta Turning R	– Same Position Corta Jaca
– Samba Whisk to R	– Circular Volta Turning L	– Double Spiral Turn For Lady
– Stationary Samba Walks		
– Promenade Samba Walks	– Same Foot Botafogo	– Promenade to Counter Promenade Runs
– Side Samba Walk	– Samba Locks Lady on L Side	
– Reverse Turn		
– Promenade to Counter Promenade Botafogos	– Samba Locks Lady on R Side	– Drag
	– Methods of Changing Feet	– Rolling Off the Arm
– Side Samba Chasse		– Carioca Runs
– Travelling Botafogo Forward		– Argentine Crosses
– Travelling Botafogo Backward to PP		
– Criss Cross Botafogo		
– Criss Cross Volta to R		
– Criss Cross Volta to L		
– Underarm Turning Right		
– Underarm Turning Left		

Fonte: CNDDS, 2017, p. 23.

Música

As músicas têm andamento e duração conforme a modalidade, como a valsa inglesa, com andamento de 28 a 30 compassos por minuto e duração de 1 minuto e meio a 2 minutos. Para algumas categorias, a marcação rítmica pode ser mais forte, privilegiando a participação de competidores iniciantes. A música para cada prova ou bateria é sorteada antes de sua realização.

Indumentária

A indumentária trata de três aspectos: a vestimenta, a decoração ou acessório (o uso de joias e os sapatos) e cabelos e maquiagem. Apresentamos, a seguir, algumas regras quanto ao uso da indumentária:

- A cor e o modelo da vestimenta são definidos para homens e mulheres conforme suas idades e a modalidade da qual eles participarão, havendo inclusive peças de uso opcional.
- Há um controle para evitar o uso de roupas que exponham demasiadamente o corpo do atleta, como aquelas que não cobrem por completo os glúteos.
- Não há restrição quanto ao uso de acessórios para as categorias *youth*, adulto e sênior, desde que estejam bem fixados e não coloquem em risco os competidores.
- Para as categorias júnior e juvenil, não é permitido o uso de acessórios.
- Há especificações para o uso de sapatos conforme a modalidade, e, para as categorias júnior e juvenil, existe uma limitação do tamanho do salto: 2,5 cm para homens e 4 cm para mulheres.
- O cabelo dos atletas masculinos deve ser curto ou, caso seja comprido, deve estar preso. Para as competidoras femininas, não há restrições.

- Não há restrição quanto ao uso de maquiagem para as categorias *youth*, adulto e sênior, mas, para as idades júnior e juvenil, é proibido para os atletas masculinos e, para as atletas femininas, é permitido utilizar tons suaves de rosa.
- Quanto às joias, elas não podem ser usadas na categoria masculina nas faixas etárias júnior e juvenil, mas são permitidos brincos, anéis, presilhas e pulseiras para essas faixas etárias na categoria feminina. Para as demais idades, não há restrições.

5.5.2 Trampolim acrobático

Apesar de essa modalidade esportiva apresentar características acentuadas do domínio técnico de habilidades motoras associado a capacidades físicas como flexibilidade, agilidade e força, existem outros fundamentos que permitem caracterizar o trampolim acrobático como um esporte de expressão corporal. Entre essas particularidades, tal modalidade pode ser considerada naturalmente espetacular pelas acrobacias que os atletas realizam. Outro traço que aproxima o trampolim acrobático do esporte de expressão é a dimensão estética intimamente ligada ao desempenho dos atletas. Assim, não vale o mais forte, o mais rápido ou o mais flexível, mas aquele que elaborou e desenvolveu a melhor série de exercícios, conforme os critérios definidos pela competição.

A prática de acrobacias em trampolins remonta à Idade Média e ao desempenho de acrobatas e trapezistas de circo. Atualmente, não é incomum encontrar em festas infantis, hotéis, parques de diversão e espetáculos de circo uma cama elástica fazendo a alegria de crianças, jovens e até de adultos. Saltar e fazer acrobacias nesse equipamento não é algo que provoca estranhamento a uma boa parcela das pessoas que moram em grandes centros urbanos. Porém, apesar do uso recreativo do trampolim ou da cama elástica, como é comumente conhecido, a prática esportiva ganha contornos distintos.

A ginástica de trampolim é uma modalidade esportiva olímpica reconhecida pela Federação Internacional de Ginástica (FIG), e sua estreia em Jogos Olímpicos ocorreu em 2000, em Sydney, na Austrália. O objetivo do atleta é realizar acrobacias por meio de saltos executados em um trampolim. As provas dessa modalidade esportiva são realizadas em diferentes aparelhos, como trampolim, duplo mini trampolim e *tumbling* (pista acrobática). Há modalidades masculina e feminina e, também, a categoria sincronizado, na qual os atletas realizam saltos em diferentes trampolins e executam movimentos sincronizados (Roveri, 2016). O atleta precisa realizar uma sequência de movimentos técnicos, composta por saltos mortais, duplos, quádruplos e outras acrobacias.

A seguir, conheça alguns dos saltos fundamentais desse esporte (Rondinelli, 2018):

- *Front: mortal para a frente;*
- *Front Full: mortal para a frente com uma pirueta;*
- *Full: mortal para trás com uma pirueta;*
- *Back: mortal para trás;*
- *Barani: mortal para a frente com meia-volta;*
- *Cody: mortal para trás partindo da posição frontal;*
- *Side: mortal de lado;*
- *Round-off: rodante;*
- *Handspring: salto com as mãos para trás ou "flic";*
- *Wipe-out: queda.*

Em uma competição na modalidade trampolim individual, os atletas precisam realizar uma série com sequências de mortais e piruetas compondo dez elementos consecutivos. A série deve ser realizada sob um ritmo contínuo e não pode haver interrupções. Elas envolvem movimentos "de pé para pé, pé para costas, frontal ou sentado, sem hesitações e sem saltos verticais intermediários, compostos por uma variedade de saltos com rotação para frente e para trás, com ou sem piruetas" (Roveri, 2016, p. 45).

Apesar do rigor técnico e dos critérios preestabelecidos para a avaliação do atleta na prova, cinco árbitros avaliam de forma subjetiva a execução da série. A nota é resultado de um conjunto de fatores, como técnica, forma, controle aéreo e consistência e manutenção de altura apresentados pelo ginasta (Roveri, 2016).

Síntese

Modalidades esportivas de expressão corporal	
Principais modalidades	Modalidades derivadas da ginástica: ginástica rítmica, ginástica artística, ginástica de trampolim, saltos ornamentais e nado sincronizado.
Modalidades pouco conhecidas	Dancesport: a dança de salão competitiva.
História	As atividades ginásticas ganharam contornos distintos ao longo dos anos. Até sua participação nos primeiros Jogos Olímpicos da Era Moderna, tinham contornos muito distintos dos que têm nos dias de hoje.
Cultura	No Brasil, a dança de salão competitiva ainda é pouco conhecida e nos esportes olímpicos há alguns destaques como ginástica artística e ginástica rítmica.
Fundamentos técnicos	Expressividade, musicalidade e capacidade de realizar movimentos acrobáticos.
Fundamentos táticos	A estética é o ponto central no fundamento tático desses esportes.
Processo de ensino-aprendizagem	Deve-se contar com uma rica experiência motora em diferentes planos, orientações e ritmos, preferencialmente com música.
Especificidades	Ginástica de trampolim: técnica apurada na realização dos saltos. Dancesport: musicalidade do atleta.

⦁⦁⦁ Indicação cultural

Filme:

DANÇA comigo? Direção: Peter Chelson. EUA: Disney/Buena Vista, 2004. 106 min.

O filme retrata a vida de um advogado que busca na dança um novo sentido para sua vida. À medida que vai se inserindo no meio, vê o campeonato de dança como um desafio pessoal.

⦁ Atividades de autoavaliação

1. A dança faz parte da cultura de diversos povos e transitou na história da civilização entre o sagrado e o profano. Assinale a alternativa que confirma essa afirmação:

    a) A dança possui uma íntima relação com a religiosidade, a sexualidade, a ludicidade e o prazer.

    b) A dança atende aos interesses sociais e de divertimento das pessoas, inibindo-as no envolvimento com atividades religiosas.

    c) As danças religiosas (sagradas) promovem a espiritualidade das pessoas somente como opção salvacionista da vida profana.

    d) O sagrado e o profano fazem parte da mesma dimensão social e a dança é o sentido concreto dessa unidade.

    e) A dança profana a vida do ser humano à medida que a sociedade se desenvolve.

2. Relacione as modalidades esportivas a seguir a suas principais características:

1. Ginástica artística.	( ) Provas na argola, barra fixa e barras paralelas.
2. Ginástica de trampolim.	( ) Modalidade feminina.
3. Ginástica rítmica.	( ) Saltos em uma altura máxima de 6 m.

3. Na visão de Lebre (1993), o aprimoramento técnico tem duas funções. Assinale a alternativa que confirma a posição da autora:
   a) Aprender a realizar saltos acrobáticos e a dominar técnicas de equilíbrio.
   b) Reconhecer as dificuldades de cada modalidade esportiva e superar o medo na realização de acrobacias.
   c) Aprender a trabalhar em equipe e a conhecer o próprio ritmo.
   d) Desenvolver o aprimoramento técnico para obter resultados nas competições e conquistar a atenção do público.
   e) Aprimorar a força e a flexibilidade.

4. A dimensão estética dos esportes de expressão corporal é um aspecto de grande importância nas modalidades que se enquadram nessa classificação. Assinale a alternativa que confirma essa afirmação:
   a) A busca pela beleza plástica do momento é a única preocupação que o atleta precisa ter.
   b) A dimensão estética buscada pelos atletas dos esportes de expressão corporal atinge tanto a beleza plástica dos movimentos quanto a beleza corporal dos atletas.
   c) A busca pela estética nos esportes de expressão corporal está associada somente à dimensão corporal do atleta.
   d) A conquista de padrões estéticos nas modalidades esportivas de expressão corporal é restringida pelo regulamento das competições.
   e) A vestimenta e a imagem corporal são componentes secundários na composição estética das modalidades esportivas de expressão corporal.

5. Nas atividades expressivas, como a dança, as pessoas buscam uma infinidade de objetivos, entre eles se divertir, relaxar, conhecer pessoas e praticar um exercício físico. Assinale a alternativa correta sobre as competições de dança:

   a) Os participantes buscam somente o prazer e a diversão, sem preocupação com o resultado alcançado.
   b) Essa prática está voltada ao treinamento e à performance, exigindo dos participantes um comportamento mais controlado.
   c) Os participantes agem de forma indiferente em uma competição de dança.
   d) Essa prática é uma estratégia didática que incentiva a livre participação e a espontaneidade dos movimentos.
   e) Os participantes são atraídos pela flexibilidade das regras das competições esportivas de dança.

Atividades de aprendizagem

Questões para reflexão

1. Visite uma academia de dança de salão e procure assistir a aulas de diferentes ritmos. Identifique cada ritmo e suas características particulares, como movimentação e coreografia. Observe, também, as similaridades entre eles. Organize os dados em uma planilha com o nome dos passos e, em cada coluna, descreva as semelhanças e as diferenças entre eles. Você poderá compreender a dinâmica estética por meio da qual cada ritmo é organizado.

   Utilize o quadro a seguir, por exemplo, anotando, nas células em branco, se o passo é executado pelo ritmo indicado na primeira coluna e se é semelhante ou diferente nos demais ritmos.

Ritmos	Escreva aqui o nome do ritmo 1	Escreva aqui o nome do ritmo 2	Escreva aqui o nome do ritmo 3
Escreva aqui o nome do passo 1			
Escreva aqui o nome do passo 2			
Escreva aqui o nome do passo 3			

Observação: utilize quantas linhas forem necessárias.

2. Visite um campeonato de dança e acompanhe sua realização. Atente para questões formais como disposição dos atletas, critérios de julgamento dos árbitros e organização das disputas, entre outros detalhes. Caso não consiga ir a um campeonato, assista a algum vídeo disponível na internet. Assista também a um "concurso" de dança que tenha características mais de entretenimento do que de um evento oficial de competição e faça as mesmas observações. Para concluir a tarefa, confronte as informações e indique as particularidades de cada evento analisado.

Atividade aplicada: prática

1. Reúna um grupo de crianças de 10 a 12 anos e desenvolva a sugestão de prática a seguir.

   Conteúdo: Dancesport.

   Objetivos: Analisar a participação de crianças uma modalidade esportiva de expressão corporal.

   Materiais e recursos necessários: Aparelho de som e local adequado para a realização de danças.

Preparo: Converse com os participantes sobre qual ritmo eles sugerem para a organização da atividade. Organize um regulamento para conduzir a competição. Faça uma reunião com os participantes para explicar o regulamento e definir os ajustes necessários, caso haja alguma sugestão pertinente.

Desenvolvimento: Permita que os participantes, organizados em grupos ou individualmente, disponham de alguns dias para treinar, até que se sintam seguros para competir. Convide algumas pessoas para serem os juízes e realize o evento.

Síntese da atividade: Reúna os participantes e realize um debate sobre a experiência da participação nessa atividade, analisando a percepção de cada um em relação ao ocorrido.

Com base na experiência que você teve com o público indicado, analise como foi o desenvolvimento da atividade. Como as crianças participaram? O que você notou que as crianças executaram com mais dificuldade? Quais dificuldades você sentiu ao aplicar a atividade? O que as crianças conseguiram reter de aprendizado?

Capítulo 6

E-sports: jogos eletrônicos são mesmo esporte?

Na relação entre tecnologia e esporte, podemos considerar o aperfeiçoamento dos materiais esportivos, o uso de equipamentos de diversos tipos para treinamento e arbitragem e os diferentes meios de difusão de partidas e competições. Também é preciso incluir nessa lista a tecnologia como interface para possibilitar que um jogo aconteça, tanto por meio de aparelhos (consoles comumente chamados de *video games*) como de computadores, por vezes conectados a redes locais e mundiais (internet).

Embora os jogos eletrônicos sejam vistos pelo senso comum como atividades passivas, que se distanciam da compreensão tradicional do que é esporte, é cada vez maior o número de pessoas que defendem sua categorização como esportes eletrônicos (em inglês, *e-sports*).

Essa categorização torna-se especialmente necessária em razão do grau de desenvolvimento que os praticantes e a indústria como um todo têm alcançado, sobretudo se considerarmos os níveis de popularização, profissionalização e espetacularização de alguns jogos.

Neste capítulo, vamos compreender as características esportivas dos *e-sports* por meio de seus elementos sócio-históricos e culturais, bem como seus fundamentos técnicos, táticos e possíveis processos de ensino-aprendizagem. Por último, destacaremos as especificidades de alguns jogos em evidência.

6.1 Elementos sócio-históricos e culturais dos *e-sports*

Para entender a existência e a recente relevância dos *e-sports*, é preciso considerar o desenvolvimento tecnológico e sua presença no cotidiano, influenciando escolhas no momento de lazer e intermediando as relações sociais nas últimas décadas.

Credita-se à década de 1970 o marco temporal de criação dos primeiros jogos eletrônicos, inicialmente consumidos no formato de fliperama (ou *arcade*), até que o desenvolvimento tecnológico, a popularização da televisão e a demanda dos consumidores atuaram em conjunto para que os aparelhos de *video games* (consoles) passassem a ser objetos de uso individual (Pimentel, 2015).

A competição nos diferentes jogos estava presente no fliperama, em que o *ranking* listava os melhores jogadores, mas teve um período de menor evidência quando os praticantes passaram a jogar em suas casas. Embora houvesse esforços pontuais para a criação de campeonatos pelos fabricantes de *video games* em redes locais, inclusive com premiações em dinheiro, foi com a popularização da internet que houve a ampliação do alcance dos jogos, com a possibilidade de jogadores de diferentes partes do mundo competirem entre si.

Nesse processo, aumentou o número de competições, de organizadores, de incentivos e de jogadores, em relação aos quais passamos a perceber a diferenciação entre jogadores casuais e profissionais (chamados, respectivamente, de *gamers* e *pro gamers*), o que aponta para a aproximação dos jogos eletrônicos com as lógicas de profissionalização e de espetacularização de outras modalidades esportivas. Essas novas lógicas de competição em nível profissional que se estabelecem nos jogos eletrônicos são a razão para a utilização da expressão *e-sports* para descrevê-los (Jensen, 2017).

Importante!

- **Arcades** – Jogos em máquinas conhecidas como *fliperamas* no Brasil.
- **Consoles** – Equipamentos conhecidos como *video games*, que são conectados às televisões.
- **E-sports** – Competições em nível profissional de jogos eletrônicos, em consoles ou computadores, geralmente conectados por uma rede local ou pela internet.
- **Gamers** – Jogadores de jogos eletrônicos.
- **Pro gamers** – Jogadores profissionais de jogos eletrônicos, também chamados de *ciberatletas*.

Além dos elementos de profissionalização e de espetacularização das competições de *e-sports*, propomos que a classificação do que é ou não esporte deva ser estendida, não se restringindo à mobilização física propriamente dita, conforme discutimos no Capítulo 1. Alguns autores consideram que as habilidades complexas que são exigidas no xadrez também são necessárias nos *e-sports* (Kopp, 2017), assim como há um envolvimento físico e intelectual significativo que desafia a visão tradicional de esforço físico da prática propriamente dita, o que legitimaria os jogos eletrônicos na categoria de esporte (Witkowski, 2012). Esses argumentos aproximam os *e-sports* da compreensão sobre o que é esporte, ao mesmo tempo que não se restringem à noção de competitividade para embasar sua aproximação a essa classificação.

A Coreia do Sul é o país que se destaca nos processos de profissionalização e de espetacularização dos *e-sports*, pois foi onde surgiram os jogadores profissionais de *video games*, cujo treinamento para competição era a atividade central na vida desses ciberatletas, muitos dos quais ganharam o *status* de celebridades, venerados como estrelas de cinema ou esportistas de outras modalidades (Kopp, 2017). Atualmente, essa realidade também tem sido observada no Brasil. Com a possibilidade de transmissão dos jogos *on-line* em *sites* especializados, praticantes casuais passam a acompanhar as partidas de jogadores profissionais de referência e buscam imitá-los (Bagolan et al., 2015), de forma muito semelhante ao que se observa em outras modalidades esportivas.

Para saber mais

O *site* Twitch pode ser descrito como o "You Tube dos *games*", pois disponibiliza canais de jogadores e jogos em que os desempenhos dos ciberatletas podem ser acompanhados.

TWITCH. Disponível em: <www.twitch.tv/>. Acesso em: 27 fev. 2019.

A massificação de jogos eletrônicos, isto é, o grande número de pessoas que passaram a jogá-los com frequência, tem ocorrido em virtude da possibilidade de adquirir os equipamentos para uso doméstico e conectá-los a uma televisão, além de os jogos serem realizados por meio de computadores e em transmissões ao vivo.

Sendo esses equipamentos parte dos aparelhos domésticos e da rotina de um número cada vez maior de pessoas, os jogos eletrônicos compõem as opções de lazer das novas gerações. Espera-se que, em um futuro próximo, com os avanços e a acessibilidade a outras tecnologias (como realidades aumentadas e virtuais), as opções se multipliquem e sejam ainda mais diversas as possibilidades de jogos, inclusive superando um dos pontos de maior crítica aos jogos eletrônicos, que é a inatividade física.

Curiosidade

A média de idade de um *gamer* nos Estados Unidos é de 35 anos. Em 2016, mulheres acima de 18 anos tinham maior representatividade no número de *gamers do* que crianças e jovens menores de 18 anos do sexo masculino (ESA, 2017).

A área da educação física tem se aproximado dos jogos eletrônicos ao considerar suas possibilidades de atividade física e como instrumento para a disciplina de Educação Física escolar por meio dos *exergames* (jogos com exercícios físicos) (Silva; Silva, 2017; Araújo; Souza; Moura, 2017). Além disso, a área tem avaliado as possibilidades de os jogos eletrônicos serem utilizados em atividades no lazer (Reis, 2013), na educação (Costa, 2017) e no esporte (Jensen, 2017) e, ao mesmo tempo, tem demonstrado preocupações em relação à influência no aumento do comportamento sedentário em adolescentes (Silva et al., 2016).

Em um primeiro momento, os *video games* foram rejeitados pela educação física, dada a relação que vinha sendo identificada entre o tempo gasto assistindo à televisão e o sedentarismo. Atualmente, há um maior cuidado ao fazer essa associação direta.

Uma das preocupações é diferenciar o comportamento sedentário da inatividade física: na rotina, é possível ter um comportamento sedentário (realizar atividades que têm gasto energético próximo ao de repouso por várias horas), mas, em outros momentos, realizar atividades físicas que atendam à recomendação diária.

Geralmente, o comportamento sedentário é sinônimo de inatividade física (ao passar muitas horas em repouso, não há tempo para práticas físicas), porém não existe uma definição quanto à quantidade de horas gastas nessa condição para que esse comportamento seja classificado como *sedentário*.

Do mesmo modo, não é possível afirmar que a diminuição do tempo de tela (jogos eletrônicos, computador e televisão) seria imediatamente compensada por atividades físicas. Considerando esses e outros desafios metodológicos aos estudos relacionados à saúde pública (Silva et al., 2016), está claro que a educação física precisa compreender os jogos eletrônicos e outras tecnologias, mas também as demais variáveis que contribuem para a inatividade física, para não restringir a leitura de fenômenos complexos à simples rejeição de um de seus elementos constituintes. Ou seja, o jogo eletrônico não é um vilão que precisa ser combatido, e sua influência na inatividade física precisa ser considerada em uma perspectiva sócio-histórica.

Outras áreas de conhecimento, como a psicologia e a sociologia, também têm se interessado pelos jogos eletrônicos e buscado compreender as manifestações de violência e *bullying*. Dado o desenvolvimento financeiro desse mercado, nos Estados Unidos a área do direito tem demonstrado preocupação quanto à propriedade intelectual dos desempenhos nos jogos (Burk, 2013) e com outros segmentos que se interessam em compreender o *design* de *games*, tanto para copiá-los na produção de novos jogos como para transferi-los para outras áreas que atraiam o interesse das pessoas, especialmente no campo da educação (Mattar; Nesteriuk, 2016).

Esse cenário demonstra que há um campo fértil para a atuação do profissional de Educação Física na lógica dos *e-sports* como modalidades profissionais e de espetáculo e, também, como práticas de lazer, com possibilidades educacionais, de socialização e, por que não, como forma de combate à inatividade física. Na sequência deste capítulo, discutiremos algumas dessas possibilidades, abordando questões técnicas, táticas e de ensino-aprendizagem nos *e-sports*.

6.2 Fundamentos técnicos dos *e-sports*

Nos capítulos anteriores, quando abordamos os diferentes grupos de modalidades esportivas, destacamos as ações de correr, saltar, chutar, arremessar e rebater, que são fundamentos necessários para a prática das diversas práticas apresentadas. O que podemos considerar como fundamentos nos *e-sports*? Que capacidades físicas precisam ser desenvolvidas? Ou, ainda, será que existe a necessidade de algum desenvolvimento físico?

Importante!

Materiais e equipamentos necessários para a prática dos *e-sports*:

- Computadores: telas, *hardwares*, *mouses* e teclados.
- Consoles: telas, consoles propriamente ditos, controles e/ou detectores de movimentos.
- Outros aparelhos: fones de ouvido e/ou caixas de som, microfones, volantes, aceleradores/freios, óculos, armas etc.

Para entender os fundamentos técnicos dos *e-sports*, precisamos reforçar que eles podem ser jogados em computadores, em consoles e em celulares. Quando são realizados em computadores, há a relação com a tela, o teclado e o *mouse*; em consoles, há a tela e o controle ou equipamento para detecção de movimento;

e os celulares podem ser utilizados sozinhos ou em conjunto com óculos de realidade virtual. Em todos os casos, podem ser agregados outros equipamentos, como volantes e pedais (para jogos de corrida de carros), fones de ouvido ou caixas de som e microfones. Podemos perceber que a interação entre todos esses aparelhos se dá por meio do corpo – mobilizando os sentidos da visão, da audição e do tato – que precisa estar em coordenação contínua com os movimentos realizados, especialmente pelas mãos, mas também pode incluir os pés ou o corpo todo, dependendo do jogo. Nesse sentido, por mais que as movimentações do jogo sejam virtuais, precisamos compreender que elas só ocorrem por meio do corpo de quem está jogando (Taylor, 2012).

Você sabia?

Entre os *e-sports*, podemos considerar como os mais populares em 2017: *League of Legends, Counter-Strike: Global Offensive, Dota 2, Hearthstone, Rocket League, Heroes of the Storm, Overwatch, World of Warcraft, StarCraft II* e *Street Fighter V*.

Dessa maneira, dada a diversidade de equipamentos necessários e as diferentes dinâmicas envolvidas em cada jogo eletrônico, há diferentes fundamentos conforme cada caso. Comparando dois *e-sports* famosos no mundo, temos que, no *StarCraft*, os jogadores devem coordenar os cliques no *mouse* com comandos no teclado, sendo essas atividades medidas em "ações por minuto" (APM), enquanto no *League of Legends*, ainda que as ações também aconteçam por meio do *mouse* e do teclado, o principal fundamento é o conhecimento das diferentes habilidades dos personagens e a compreensão do tempo certo para executar as ações. Ou seja, enquanto no *StarCraft* um fundamento importante é a coordenação oculomanual (entre a visão e as mãos) e a velocidade pelo número de cliques e toques no teclado, no *League of Legends* há maior ênfase no conhecimento das habilidades dos personagens (McTee, 2014). Além disso, neste último há uma lógica de jogo de equipe significativamente maior do que em *StarCraft*, como veremos no próximo item deste capítulo.

Para que possamos compreender os fundamentos técnicos dos *e-sports*, precisamos entender algumas semelhanças entre os diferentes gêneros de jogos eletrônicos. Assim como argumentamos no Capítulo 1, classificar os esportes é útil para que, com base em semelhanças, possamos estruturar a compreensão de um grupo grande de atividades. Esse também passa a ser o caso dos jogos eletrônicos, para que assim possamos compreender suas características técnicas e quais delas se aplicam aos *e-sports*. Como nas modalidades esportivas, essa classificação não é unânime e muitas vezes um jogo encaixa-se em mais de uma categoria. Abordaremos as características de *jogo* e as necessidades técnicas dos jogos de ação, estratégia, *role-playing game* (RPG), esportes, simulação e *on-line* com base em Jensen (2017).

> **Importante!**
>
> Tipos de jogos eletrônicos: jogos de ação, de estratégia, de *role-playing game* (RPG), de esportes, de simulação e *on-line*.

Os jogos de ação têm como principal característica o embate entre o jogador (ou sua equipe) contra um inimigo, seja a máquina, seja outro participante (ou equipe). Nesses casos, geralmente não há uma demanda de uso de estratégia, mas principalmente a coordenação oculomanual e/ou o ritmo nos movimentos que devem ser realizados durante o jogo. Podem ser considerados como seus subgêneros os jogos de tiro e de luta, que também podem contar com um número significativo de participantes. Especialmente nos jogos de tiro, são fundamentais a atenção e a precisão, pois é preciso atingir os adversários durante o jogo tanto na posição de primeira pessoa (em inglês, *first person shooter* – FPS), quando a imagem é da visão do atirador, quanto em terceira pessoa, quando, por meio da imagem bidimensional, é possível ver o atirador e os alvos. A coordenação oculomanual é especialmente relevante nesses jogos porque alvos e atirador tendem a estar em movimento, existindo um tempo correto entre a visualização pelo jogador e a ação no controle, no teclado ou no *mouse* para que o tiro atinja o alvo.

Os jogos de estratégia exigem do jogador a tomada de uma decisão entre as várias possíveis, geralmente com o objetivo de derrotar um inimigo. Como subgêneros, existem os jogos baseados em turnos, quando os jogadores têm tempo para pensar quais estratégias devem seguir, e os jogos em tempo real (em inglês, *real-time strategy* – RTS), quando o jogador deve tomar as decisões imediatamente após cada acontecimento no jogo. É possível agregar como subgênero as arenas de batalha *on-line* de multijogadores (*multiplayer on-line battle arena* – Moba), em que os participantes são divididos em equipes e assumem personagens com diferentes habilidades, tendo de atuar de forma complementar em suas equipes. Em virtude dessa característica, todos os jogadores precisam estar conectados a uma rede local ou à internet. Além da habilidade do trabalho em equipe, no caso dos jogos do subgênero Moba, o raciocínio estratégico é fundamental. Nos jogos em tempo real, a estratégia precisa estar relacionada com a velocidade do jogo e o tempo de reação deve ser bem desenvolvido, o que também demanda uma ótima coordenação oculomanual.

Os *role-playing games* (RPG) têm versões conhecidas de jogos de mesa, mas também conquistaram espaço nos jogos eletrônicos. O jogo baseia-se na interpretação de um personagem pelos participantes, que deve levá-lo por diversos desafios e missões. Nas versões eletrônicas, o RPG pode ter caráter híbrido, por ter desafios que envolvem ação e aventura, por exemplo. Como subgênero, existem jogos de *role-playing* multijogador *on-line* massivo (em inglês, *massive multiplayer on-line role-playing games* – Mmorpg), em que um grande número de pessoas pode participar do jogo simultaneamente pela internet.

Ainda que não haja necessariamente ênfase na rapidez, podemos entender a necessidade de implementar um raciocínio lógico às estratégias de cada personagem, bem como a coordenação oculomanual para a execução das tarefas.

Os jogos eletrônicos de esportes transferem todas as lógicas do esporte tradicional para o jogo eletrônico. Alguns envolvem não só o jogo propriamente dito, mas outros processos como seleção da equipe e mesmo sua administração pelo técnico e pelo gestor. Assim como o futebol é o esporte mais visível internacionalmente, o jogo eletrônico de futebol também alcança maior número de praticantes e vendas, ainda que não estivesse entre os principais jogos eletrônicos do mundo por volta de 2002. Os fundamentos técnicos dependem da modalidade esportiva, mas de forma geral os desafios são físicos e estratégicos, o que exige a coordenação oculomanual e, em alguns casos, o raciocínio tático dos participantes. Para os produtores dos jogos, há uma preocupação em vinculá-los à realidade das ligas que representam, com investimento na qualidade do *design* e da programação, aproximando-se das feições e das habilidades de jogadores reais.

Os jogos de simulação permitem que os praticantes assumam determinada posição. Como exemplos, podemos citar a simulação de veículos (carros e aviões, principalmente) e a de construção e de gestão (cidades, cenários ou outros projetos). Embora a simulação de veículos possa ter um caráter competitivo, a de construção e gestão tem como propósito vencer desafios sem necessariamente competir com outros jogadores. Para o sucesso no jogo, é importante que o usuário reconheça os padrões para conseguir superar os desafios.

Os jogos *on-line* são um gênero que se relaciona com quase todos os anteriores. Sua característica principal é serem jogados pela internet ou por meio de redes locais de conexão entre computadores, consoles e celulares, diferentemente dos exemplos em que dois ou mais participantes utilizam o mesmo equipamento e jogam visualizando uma mesma tela.

Essa conexão pode ser feita com jogadores que atuam em uma mesma equipe ou em equipes adversárias, trazendo novas possibilidades aos criadores dos jogos eletrônicos. Com a interação entre os participantes que jogam ao mesmo tempo, mas estão espacialmente distantes, desenvolveu-se também a possibilidade de comunicação por meio de microfones e *chats*, assim como a transmissão dos jogos, criando novas redes de sociabilidade e a possibilidade de envolvimento como espectadores, e não apenas como jogadores. O quadro a seguir resume a caracterização de gêneros e de subgêneros dos jogos eletrônicos, apontando seus principais fundamentos técnicos e exemplos.

Quadro 6.1 Gêneros, subgêneros, principais características, fundamentos técnicos e exemplos de jogos eletrônicos

Gêneros e subgêneros	Principais características	Fundamentos técnicos	Exemplos
Ação • Tiro • Lutas	• Embate entre jogador/equipe contra a máquina ou outro jogador/equipe.	• Coordenação oculomanual, atenção e precisão.	• *Pac-man* • *Overwatch*
Estratégia • Turnos • Tempo real (RTS) • Moba	• Tomada de uma decisão entre as várias possíveis para derrotar um inimigo.	• Raciocínio estratégico e coordenação oculomanual • Tempo de reação (RTS). • Trabalho em equipe (Moba).	• *StarCraft II* (RTS) • *League of Legends* • *Dota 2* (Moba)

(continua)

(Quadro 6.1 – conclusão)

Gêneros e subgêneros	Principais características	Fundamentos técnicos	Exemplos
Role-playing game (RPG) ■ Mmorpg	■ Interpretação de um personagem por parte do jogador, que deve levá-lo por diversos desafios e missões.	■ Raciocínio estratégico e coordenação oculomanual.	■ World of Warcraft
Esportes	■ Imitação das características do esporte tradicional em um jogo eletrônico.	■ Coordenação oculomanual e raciocínio tático.	■ Fifa
Simulação ■ Veículos ■ Construção e gestão	■ Experiência em uma posição ou função.	■ Reconhecimento de padrões e superação de desafios.	■ Fórmula 1 ■ The Sims
On-line	■ Possibilita que mais de um jogador interaja com o jogo por meio de uma rede local ou pela internet.	■ Mobiliza capacidades de interação (por comunicação oral ou escrita), bem como princípios táticos.	■ Todos os citados anteriormente, exceto Pac-man

Fonte: Elaborado com base em Jensen, 2017.

Ainda que os jogos sejam diferentes entre si, parece existir uma unanimidade segundo a qual a coordenação oculomanual é crucial para qualquer *gamer*. Nesse sentido, devemos considerar que a parte manual dessa habilidade depende sobretudo da coordenação motora fina, já que a coordenação para o movimento dos músculos menores das mãos é essencial para uso do *mouse*, do controle e do teclado. Em alguns jogos, a velocidade de reação, que depende da coordenação oculomanual, é um aspecto fundamental, já que o tempo entre a percepção visual e auditiva de um sinal e a reação por meio da ação dos dedos é o que determina o sucesso no jogo.

> **Importante!**
>
> - **Coordenação oculomanual** – Capacidade de relacionar o movimento das mãos com aquilo que se observa por meio da visão.
> - **Coordenação motora fina** – Capacidade de uso dos músculos pequenos das mãos e dos dedos (principalmente).

Ao mesmo tempo, vimos que essa relação não se aplica a todos os gêneros de jogos, em que outros aspectos, como o raciocínio tático, podem ser mais importantes.

Outro elemento relevante a ser considerado é que novas tecnologias podem mudar o perfil técnico dos jogos. Por exemplo, os chamados *exergames* possuem fundamentos distintos, tendo como princípio movimentos para além da coordenação motora fina de teclados, *mouses* e controles, ainda que não tenham se popularizado tanto quanto os jogos citados no quadro anterior. Podemos pensar ainda que a massificação de jogos em realidade virtual também pode valorizar novos fundamentos técnicos para além da coordenação oculomanual.

Sobre os *exergames*, seu lançamento pela indústria foi inicialmente visto como uma alternativa ao comportamento sedentário, já que os jogos demandavam movimentação, em oposição à posição sentada/inclinada dos demais. Embora os resultados de investigações sobre os benefícios de movimentações por meio dos *exergames* sejam por vezes conflituosos, dependendo da atividade (jogo), podem ser identificadas melhorias em relação à flexibilidade e à força de membros superiores (Perrier-Melo et al., 2016). Isso significa que ainda não podemos afirmar de forma definitiva quais técnicas e tipos de *exergames* trazem mais benefícios.

Apesar dessas possibilidades, que podem rapidamente tomar a frente nos jogos eletrônicos mais populares e praticados no mundo, a relevância dos gêneros de jogos citados não pode ser descartada. Como indicado no decorrer desta seção, em se tratando de partidas multijogadores, a técnica individual deve ser desenvolvida junto com a habilidade de jogar em equipe. Ou seja, considerando que a popularidade e talvez até a existência dos *e-sports* está fortemente ligada às competições multijogadores, precisamos compreender seus aspectos táticos, assunto que será abordado na seção a seguir.

6.3 Fundamentos táticos dos *e-sports*

Como antecipado na seção anterior, jogos eletrônicos que têm como característica a possibilidade de mais de um jogador participar de uma partida atuando pela mesma equipe possibilita a compreensão de fundamentos táticos para o sucesso, especialmente no caso de competições de *e-sports*. Ainda que outros jogos de estratégia exijam um raciocínio tático nas tomadas de decisão, focaremos nas características táticas de jogos multijogadores. Vale destacar que a possibilidade de esses jogos tornarem-se competições populares e alcançarem o *status* de *e-sports* é maior do que a de jogos de outros gêneros, razão pela qual o fator tático passa a ser relevante.

O primeiro aspecto importante quando um *gamer* passa a compor uma equipe é a mudança do aspecto individual para o coletivo. Em um primeiro momento de envolvimento no jogo, um jogador desenvolve suas habilidades técnicas e compreensão do contexto. Quando essas habilidades alcançam um nível satisfatório, o jogador começa ou passa a compor uma equipe. Essa mudança parece simples, mas demanda que o participante compreenda o trabalho em grupo, aumentando a comunicação com seus colegas e percebendo que suas ações não impactam somente em seu desempenho, mas também no de sua equipe. Além disso, é preciso que a composição de uma equipe seja complementar, isto é, diferentes habilidades podem ser necessárias em sua composição.

Assim, conhecer muito bem o jogo e as habilidades individuais de cada participante é fundamental para montar uma boa equipe. Essas questões podem se tornar específicas para cada jogo. Por exemplo, no *Counter-Strike*, há uma compreensão de que jogadores que atuam sozinhos por muito tempo tendem a ser mais agressivos, pois desenvolveram habilidades individuais específicas (Rambusch; Jakobsson; Pargman, 2007). Isso é interessante individualmente e pode ser importante em uma equipe, mas pode ser arriscado compor um time com jogadores somente com essas características.

Importante!

Na composição de equipes nos *e-sports*, é importante considerar habilidades individuais que sejam complementares entre si e é preciso aprender a jogar em equipe.

Ao observar qualquer evento de *e-sports*, é possível perceber que os jogadores de uma mesma equipe são posicionados lado a lado. Essa disposição, bem como a localização de cada jogador, não é aleatória, muitas vezes. Nos jogos em que não há uma mesma perspectiva para todos (por exemplo, uma imagem aérea da situação de jogo), existem diferentes pontos de vista e cada participante pode perceber um risco ou uma possibilidade para sua equipe. No virtual, pode existir uma limitação do campo de visão de cada jogador na tela. Por isso, ao atuarem em equipe, os participantes, lado a lado, têm a possibilidade de visualizar rapidamente a tela de seus colegas e observar outras situações que suas perspectivas lhes permitem. Nos jogos em que existem diferentes pontos de vista dos jogadores, a posição que eles ocupam no campo de jogo será semelhante à posição dos equipamentos, sendo essa uma questão tática relevante nos *e-sports*.

> **Importante!**
>
> É interessante observar fotos de eventos importantes de *e-sports*. e reparar em duas características: a disposição dos jogadores (lado a lado) e o uso de fones de ouvido e microfones.

Quando essa possibilidade não existe, como em momentos em que ciberatletas treinam em espaços distintos, a comunicação torna-se fundamental. Em equipes profissionais, patrocinadores tendem a investir para que os jogadores vivam espacialmente próximos, facilitando a interação e a comunicação necessárias nas competições. Se a distância é inevitável, uma variável ainda mais importante é a velocidade da internet, já que conexões lentas em determinados jogos podem impossibilitar o sucesso de uma ação e de um jogador. Essa é uma questão que pode restringir a evidência de jogadores de alguns países no cenário internacional, sendo um elemento excludente para uma prática massificada pelo mundo, já que nem todos os países apresentam a mesma qualidade de conexão à internet. Independentemente da proximidade ou não entre os jogadores, em jogos multijogadores a comunicação, a coordenação, o tempo de ação e reação e o planejamento do jogo são fundamentais para o sucesso de qualquer equipe (McTee, 2014).

> **Importante!**
>
> Habilidades essenciais em jogos multijogadores:
>
> - comunicação;
> - coordenação;
> - tempo de ação e reação;
> - planejamento do jogo.

Por se tratar de uma prática relativamente recente no nível de profissionalização em que se encontra, não existe um número de especialistas para além daqueles que jogam os diferentes *e-sports*. Nesse sentido, a criação das estratégias táticas se dá pela experiência em cada jogo, com base na observação e na reflexão das partidas em sequência. Com isso, queremos dizer que ainda não existem, de forma consolidada, referências táticas que possam ser generalizadas e ensinadas por técnicos no que se refere aos diferentes tipos e gêneros de jogos eletrônicos. Como veremos na próxima seção, o processo de ensino-aprendizagem tanto das técnicas quanto das táticas se dá especialmente entre os jogadores durante o jogo ou por meio das análises de partidas em vídeos *on-line*.

6.4 Processo de ensino-aprendizagem dos *e-sports*

Mesmo frequentando a escola, muitos de nós aprendemos e vivenciamos jogos e modalidades esportivas de maneira informal – com familiares e amigos, em ambientes como pátios, parques, praças, clubes, em casa ou mesmo na rua. Profissionais e professores de Educação Física sabem que não devem ser ignoradas as experiências prévias de seus alunos, sendo os espaços de intervenção do profissional momentos em que é possível desenvolver estratégias de ensino mais estruturadas, que visam atingir objetivos predeterminados por meio de atividades planejadas.

Se pensarmos na modalidade esportiva hegemônica do Brasil, o futebol, sabemos que as crianças brincam com diversos materiais no lugar da bola e em diversos espaços, em que não necessariamente é preciso ter uma trave e marcações limítrofes do campo. Entretanto, também existem locais específicos para aprendizagem e o aprimoramento nessa e em outras modalidades, como escolinhas e aulas no ambiente escolar ou fora dele.

Como podemos pensar esse cenário das modalidades esportivas com a realidade dos *e-sports*? Como as crianças, os jovens e os adultos aprendem? Quem os ensina e de que maneira?

Assim como para as demais modalidades esportivas, um passo importante para aprender um *e-sport* é ter acesso ao jogo eletrônico. Isso significa ter em casa os equipamentos necessários, jogar na casa de familiares ou de amigos ou, ainda, frequentar locais como *lan houses* que tenham os equipamentos necessários. No caso dos jogos eletrônicos, torna-se mais difícil a adaptação de materiais em comparação ao que é possível fazer com outras modalidades esportivas. Para simular uma bola, podemos utilizar uma bola de meia, uma latinha ou uma garrafa plástica. Mesmo que esses objetos não tenham exatamente as mesmas propriedades de uma bola e seja preciso fazer adaptações durante o jogo, uma simulação dele pode acontecer. Contudo, nos *e-sports*, sem os equipamentos e o acesso ao jogo propriamente dito, não é possível jogar.

Importante!

Jogabilidade – Modo pelo qual o jogo é planejado em sua dificuldade, em suas formas de controle e em seus desafios.

Se o acesso ao jogo é possível, o segundo aspecto que devemos considerar no processo de ensino-aprendizagem nos *e-sports* é como as pessoas de fato aprendem a jogar. Jogos eletrônicos que buscam alcançar um grande público, independentemente do grau de familiaridade dos indivíduos com os equipamentos, tendem a focar em uma fácil *jogabilidade*. Esse é um termo utilizado no universo dos *games* para se referir à forma como o jogo é planejado para ser mais fácil ou mais difícil nas formas de controle e dos desafios estabelecidos. Por exemplo, um jogo muito difícil pode atrair pessoas que realmente querem uma experiência desafiadora, enquanto aqueles muito fáceis podem ser desinteressantes para o mesmo público, mas atrair pessoas que querem se sentir capazes de vencer desafios menores e progressivamente avançar na dificuldade.

No caso de jogos com fácil jogabilidade, os desafios progressivos permitem que as pessoas aprendam as regras por meio do jogo em si. Com poucas informações no início, os participantes entendem a lógica do jogo e vão se aperfeiçoamento ao passarem fases ou desafios. Nesse caso, não é preciso conhecer especificidades ou um número grande de regras, pois a própria sequência do jogo "ensina" a como proceder.

Já os jogos com jogabilidade mais complexa demandam um conhecimento prévio das regras, dos controles, dos objetivos e das lógicas do jogo. Mesmo que o participante conheça bem provas de automobilismo, no jogo eletrônico ele precisa entender bem a função de todos os botões e comandos, desenvolvendo com o tempo habilidades de percepção temporal e aperfeiçoamento para níveis mais difíceis. Já nos jogos que são criações particulares, ou seja, não são de simulação ou de esportes, os participantes precisam compreender a história por trás dos eventos do jogo, o papel e as capacidades dos personagens, dos equipamentos e acessórios, do ambiente virtual, e assim por diante.

O processo de aprendizagem de um jogo é uma preocupação primordial por parte daqueles que o criam. Para que as pessoas consumam um jogo, o primeiro passo é que sejam capazes de compreender como ele funciona e jogá-lo, caso contrário os produtores não conquistarão os consumidores e o jogo fracassará.

Assim, a grande maioria dos jogos, ao detectar que é a primeira vez que a pessoa irá jogar, mostra como ele funciona, a função dos botões e outras características relevantes. Em alguns casos, o participante tem a possibilidade de "treinar" antes de começar a jogar de fato, para se familiarizar com as ações necessárias. Quando há a possibilidade de escolher personagens ou equipamentos, o próprio jogo aponta quais são as vantagens e as desvantagens para que o jogador fique ciente das possibilidades e dos limites que suas escolhas podem ter. Em certo sentido, essa é a forma em que o próprio jogo é planejado para ensinar jogadores inexperientes, sendo que os experientes já têm suas preferências e seus conhecimentos sobre as vantagens e as desvantagens de cada ação ou opção durante o jogo.

Além do aprendizado por meio do próprio jogo, as pessoas aprendem com colegas e com jogadores mais habilidosos, tanto ao jogarem juntos quanto por meio da transmissão de vídeos *on-line*. O domínio técnico do jogo é o primeiro passo para se ter sucesso – saber quais botões apertar e em quais momentos, como mover-se, o que observar, em relação ao que ter atenção, como posicionar-se no jogo, como agir em momentos relevantes etc. Isso geralmente se aprende com a prática e a observação ou a instrução de outros jogadores. É o que podemos chamar de *natureza social do aprendizado* (Rambusch; Jakobsson; Pargman, 2007), que ocorre em muitos jogos eletrônicos. Especialmente naqueles que são multijogadores, as diferentes habilidades precisam ser complementares (conforme discutido na Seção 6.3). Quando compõem uma mesma equipe, os jogadores aprendem com seus companheiros e com os adversários, assim como ensinam, ainda que cada personagem tenha características específicas. É nesse sentido que a aprendizagem de habilidades acontece de forma mútua entre os participantes.

Para saber mais

Busque na internet vídeos tutoriais com dicas de jogadores sobre como avançar em um jogo. Qual é a linguagem utilizada? Quais são as estratégias de ensino? Quem não conhece o jogo conseguiria entender as ações sugeridas?

Outra questão relevante para os jogos eletrônicos é o aprendizado por meio da audiência *on-line* de jogadores habilidosos, tanto em campeonatos quanto em vídeos publicados por eles próprios. Essa característica torna-se um diferencial importante das demais modalidades esportivas, especialmente se considerarmos a crescente indústria criada com essas transmissões. Embora nas diferentes modalidades esportivas existam eventos televisionados, com patrocinadores, premiação, jogadores e equipes bem-sucedidas e, em alguns casos, jogadores que se tornam ídolos, nos *e-sports* os espectadores também são jogadores. Além de outras implicações mercadológicas e sociais, essas transmissões possibilitam uma compreensão diferente daquilo a que se assiste, o que resulta na possibilidade de um jogador amador aprender técnicas e táticas com equipes profissionais (Taylor, 2016).

Em comparação com os espetáculos esportivos de outras modalidades, há um afastamento dos espectadores, que geralmente se interessam pelas possibilidades emotivas, estéticas e/ou performáticas da competição, sem tamanha proximidade, a ponto de conhecer detalhes técnicos e táticos do que estão assistindo (Bourdieu, 1997).

Curiosidade

Entre os vídeos e os canais mais populares no YouTube, é comum encontrar aqueles relacionados aos *e-sports*. Por isso, busque nas listas quais canais têm maior número de inscritos e veja a posição de canais relacionados aos jogos eletrônicos.

Um ponto relevante a se considerar sobre o ensino-aprendizagem nos jogos eletrônicos é a posição de técnico de *e-sports*. Os poucos estudos que abordam essa questão demonstram que os técnicos podem ser donos ou gerentes das equipes (Taylor, 2012) ou jogadores que compõem a equipe e atuam também como técnicos (Kauweloa; Winter, 2016). Nos dois casos, há uma conotação de liderança que dá indicações técnicas e táticas, mas também regula o tempo de prática, de reflexão e de revisão dos jogos para competições.

Quando os técnicos também são jogadores, há uma relação diferenciada pela proximidade de idade e uma construção mais coletiva na forma de atuação, o que se diferencia das características mais comuns que se observam em outras modalidades esportivas, em que o técnico tem mais idade e experiência que os jogadores. Como os *e-sports* são relativamente recentes, é possível que, no futuro, *pro gamers* que se aposentarem se tornem técnicos de jogadores mais novos, assim como vimos com diversos jogadores de futebol e em outras modalidades esportivas.

Ao ler esta seção, é possível se perguntar: Qual é o papel da educação física nesse cenário? Em se tratando de *e-sports*, a ação do professor e do profissional de Educação Física pode ser limitada, caso não tenha familiaridade e experiência em determinado jogo. Porém, podemos pensar em ações que sejam mais amplas quando se trata de jogos eletrônicos, considerando três aspectos.

Primeiro, no uso dos jogos eletrônicos como ferramentas para outras finalidades nas aulas de Educação Física. Nesse sentido, Araújo, Souza e Moura (2017) identificaram diversos estudos que propõem a aplicação dos *exergames* como ferramenta pedagógica na Educação Física escolar para fins diversos como contribuir no aprendizado e aumentar o nível de atividade física e de motivação. Embora muitas das produções analisadas tenham indicado benefícios, os autores argumentam que as metodologias utilizadas (especialmente a forma como os dados foram coletados) podem ser questionadas, demandando estudos mais consistentes.

O segundo ponto sobre a ação da educação física em jogos eletrônicos se dá na transferência de habilidades aprendidas em um ambiente virtual para a prática real. Nesse sentido, alguns estudos apontam a transferência de habilidades e o aperfeiçoamento cognitivo-motor dos jogos eletrônicos que também se aplicam a ações reais, sendo que a quantidade de treinamento pode ser um fator decisivo nesse processo, ou seja, pouco tempo e poucas seções não exercem influência (Sousa et al., 2016).

Por último, podemos considerar a oportunidade de utilizar os jogos eletrônicos como um incentivo para a criação de jogos reais. Para isso, Leão Júnior (2015) propõe cinco passos:

1. **Resgate** – Reconhecer as vivências dos alunos e refletir sobre esse tema.
2. **Teoria** – Abordar os conceitos utilizados pelo jogo, em diálogo com a literatura.
3. **Prática** – Vivenciar o jogo eletrônico propriamente dito.
4. **Criatividade** – Transformar os jogos em movimentos corporais, explorando a criatividade dos alunos.
5. **Avaliação** – Discutir sobre as etapas percorridas, avaliando-as com os alunos.

Esses exemplos são algumas possibilidades de intervenção para além dos *e-sports* e permitem uma apropriação de práticas virtuais no contexto real da educação física. Possivelmente, essas oportunidades crescerão no decorrer do tempo, com a incorporação de novas tecnologias e de novos usos pelas novas gerações. Considerando a realidade atual, na próxima seção abordaremos as especificidades de alguns *e-sports*.

6.5 Especificidades de alguns *e-sports*

Para abordar a especificidade de alguns dos *e-sports* mais conhecidos, explicamos como os jogos de fato acontecem. Essas informações são relevantes para os leitores que não têm familiaridade alguma com os jogos eletrônicos, para que tenham uma noção de como é sua dinâmica. Iniciaremos abordando o *League of Legends* tendo como referência as informações oficiais de seu produtor (Riot Games, 2019), por se tratar de um dos jogos que impulsionou a competição internacional de jogos eletrônicos. Depois, trataremos do Fifa e das inovações trazidas pela versão 18 (EA Sports, 2019), considerando tratar-se de um jogo eletrônico que busca se aproximar da realidade da modalidade esportiva futebol.

> **Importante!**
>
> Termos-chave de *League of Legends*:
>
> - **Campeão** – Personagem escolhido pelo jogador para a partida. Cada campeão possui características específicas.
> - **Campos da justiça** – Espaço em que as batalhas acontecem, sendo a mais conhecida a Summoner's Rift.
> - **Invocador** – Jogador.
> - **Nexus** – Estrutura que deve ser destruída para ganhar o jogo.
> - **Torres e inibidores** – Estruturas adversárias que precisam ser destruídas para se chegar ao nexus adversário.

O *League of Legends* (LoL) é jogado em computadores e em equipes. Cada jogador é chamado de *invocador* e escolhe um *campeão* para o jogo, ou seja, o personagem que irá controlar. Existem campeões com diferentes características, como lutadores, atiradores, suportes, assassinos, tanques ou magos, cada um com habilidades específicas de ataque e defesa, que proporcionam diferentes formas de lutar. O objetivo final do jogo é destruir o nexus da equipe adversária enquanto protege seu próprio. O nexus é uma estrutura parecida com uma pedra preciosa que fica no extremo oposto do campo de batalha.

Até chegar ao nexus adversário, os jogadores enfrentam os campeões do outro time e suas tropas, com isso acumulando experiência e habilidades (o que permite subir de nível) e ouro (o que permite comprar itens), aumentando assim seus poderes. As batalhas acontecem em diferentes *Campos da Justiça*, sendo o mais famoso o Summoner's Rift, que é composto por três possíveis trajetos entre os nexus: o do meio, o superior e o inferior. Nesse campo, duas equipes de cinco jogadores (campeões) se enfrentam. Outros campos têm outras características e diferentes números de jogadores (campeões) por equipe. Além de enfrentar campeões e tropas adversárias, os campeões devem destruir algumas estruturas, as torres e os inibidores, que também protegem o nexus.

O jogador precisa fazer o *download* do LoL em seu computador e preencher um cadastro *on-line*. Se o sistema identificar que é sua primeira vez no jogo, o participante passa por tutoriais que ensinam passo a passo as características e os comandos utilizados no jogo. Essas informações iniciais auxiliam de forma significativa o jogador novato, que participará de algumas situações controladas apenas contra o computador, até que tenha compreendido o jogo para participar das partidas *on-line* com outros participantes. Nesse momento, o jogador aprende que a movimentação de seu campeão é feita por meio de cliques no *mouse* e que teclas específicas do teclado dão os comandos relacionados às lutas e aos poderes de cada personagem. Todas as ações no jogo dependem desses comandos, por isso seu aprendizado é fundamental para que os jogadores consigam agir com a rapidez necessária durante as batalhas.

> **Importante!**
>
> Equipamentos utilizados no LoL:
> - **Mouse** – Cliques indicam o caminho que o campeão deve percorrer.
> - **Teclado** – Teclas específicas dão os comandos no jogo. Nas batalhas, usam-se especialmente as teclas Q, W, E e R.

Um aspecto interessante do LoL é que os personagens não morrem, ou seja, mesmo que sejam abatidos, os jogadores ficam alguns segundos fora do jogo e retornam a suas bases. Embora isso dê uma desvantagem à equipe, já que o adversário estará em vantagem numérica e acumulará mais ouro, permite que os jogadores participem da partida por completo, não sendo eliminados até que alguma equipe vença e o jogo termine.

No LoL, jogadores iniciantes conseguem progredir com o tempo apenas com as opções dadas pelo jogo com base nos níveis alcançados. Talvez o que faça o LoL conquistar um número significativo de jogadores seja o fato de que a complexidade do jogo aumente com a experiência, em que poderes são adquiridos e a possibilidade de explorar outras partes do campo da justiça (a chamada *selva*, no caso do Summoner's Rift) traz novos desafios e novos objetivos. As partidas de LoL podem durar de 20 minutos a 1 hora.

Para saber mais

Pesquise sobre o Campeonato Brasileiro de League of Legends (CBLoL). As partidas são transmitidas ao vivo pela internet.

Já o Fifa é um jogo de simulação do futebol jogado em consoles (*video games*), e com versões para celulares e computadores. Com a lógica do jogo tradicional, os participantes podem escolher suas equipes e seus integrantes, podendo jogar contra a máquina ou contra outro *gamer* em uma partida ou em um campeonato.

Nesse jogo, cada participante controla toda uma equipe, e a mudança entre um e outro é realizada pela máquina, conforme a movimentação da bola. Dependendo do console, das opções personalizadas e da situação de jogo, os botões podem ter funções distintas. Eles basicamente, de um lado, direcionam cada jogador da equipe ou a ação (chute, cabeçada, passe etc.) e, do outro, indicam como a ação deve ser feita (passe curto, longo, baixo ou alto, finalização, cabeceada, corrida, proteção, finta, marcação, falta, mudança de jogador, saída com o goleiro etc.). Além disso, a combinação de botões em jogadores específicos das equipes pode gerar efeitos diversos, considerando-se as diferentes habilidades de cada um.

Tanto os jogadores como as equipes têm características distintas. Os produtores do jogo atribuem notas aos jogadores quanto a diversas características, como passe, finalização, drible, ritmo, físico e defesa para jogadores de linha e elasticidade, manejo, chute, reflexos, velocidade e posicionamento para os goleiros. Essas classificações servem para identificar os melhores jogadores entre todos, entre as diferentes ligas esportivas e em aspectos específicos como melhores batedores de falta, finalizadores, dribladores e os mais rápidos, por exemplo. Essas características valem para mais de 700 times, na versão 18 do jogo.

Importante!

Principais atributos dos jogadores no Fifa:

- **Goleiros** – Elasticidade, manejo, chute, reflexos, velocidade e posicionamento.
- **Jogadores de linha** – Passe, finalização, drible, ritmo, físico e defesa.

Em versões recentes, é nítido o esforço de aproximar a partida eletrônica da realidade nos aspectos visuais (os jogadores próximos da aparência real), auditivos (com sons de jogos reais, da torcida e de narradores de diferentes países) e de movimentação (com tecnologias que utilizam movimentos reais dos jogadores mais importantes para serem transferidos ao jogo). Além disso, há a proposta de trazer jogadores importantes da história, como os brasileiros Pelé, Ronaldo Nazário e Ronaldinho Gaúcho para atuarem juntos e com outros jogadores contemporâneos, superando a barreira do tempo histórico da realidade. Outra possibilidade é a de o jogador do *video game* atuar em outras etapas do jogo, como na função de técnico, escolhendo jogadores, aspectos táticos e forma de jogar, e como gestor de uma equipe, trocando e emprestando jogadores e mudando elementos como uniformes, estádios e bolas.

Além de jogadores, clubes e ligas já conhecidas, o jogo possui ainda a opção de criação e desenvolvimento de jogadores, com completa personalização de uma equipe para participar de jogos isolados ou campeonatos. Quanto maior o envolvimento nas tarefas para além de jogar propriamente dito, maior o número de recompensas, o que permitirá melhorar os jogadores e as equipes. Nessa estratégia, é possível perceber que, para o jogador avançar para níveis superiores de desempenho no jogo, seu comprometimento precisa ser além do jogo em si. É claro que, como em um campeonato real, o objetivo é conseguir desenvolver habilidades e reunir jogadores de uma equipe para vencer as partidas e sagrar-se campeão.

Com a inclusão desses elementos específicos, acrescenta-se complexidade no jogo e passa-se a exigir que os *gamers* que queiram se especializar e profissionalizar precisem compreender as características técnicas e táticas do futebol real, suas equipes, ligas e jogadores para avançar no jogo. Com a possibilidade de imitação cada vez mais realista, o Fifa pode servir para informar características específicas do futebol real e ser utilizado como uma ferramenta de estudos para técnicos e atletas. Mesmo que uma pessoa não acompanhe as partidas reais de uma liga específica, ela é capaz de conhecer os jogadores, os técnicos e as formas de jogo se praticar com frequência o *video game*.

> ### Para saber mais
>
> Pesquise sobre os campeonatos oficiais do *game* Fifa e perceba por quais jogadores e equipes os principais *gamers* optam nas competições. Há relação entre o desempenho dessas equipes e os campeonatos reais de futebol?

Síntese

E-sports	
Principais jogos	*League of Legends, Counter-Strike: Global Offensive, Dota 2, Hearthstone, Rocket League, Heroes of the Storm, Overwatch, World of Warcraft, StarCraft II* e *Street Fighter V*.
Jogos emergentes	Com a realidade virtual e a realidade ampliada, surgiram novas possibilidades de interação com o jogo.
História	Surgiram nos arcades (fliperamas). Popularizam-se com a televisão e com a possibilidade de as pessoas terem os equipamentos em casa. Competições se popularizam com a internet.
Cultura	Os *e-sports* têm se expandido em diversos países, destacando-se a Coreia do Sul. O Brasil é um mercado internacional emergente, mas existem limitações de acesso aos equipamentos necessários.
Fundamentos técnicos	Coordenação oculomanual e coordenação motora fina.
Fundamentos táticos	Comunicação, coordenação, tempo de ação e reação e planejamento do jogo.
Processo de ensino-aprendizagem	Dá-se por meio do próprio jogo, com colegas e vídeos *on-line*. Uso dos jogos eletrônicos na Educação Física escolar por simulação de treinamento e pelo incentivo à criação de jogos reais.

(continua)

(conclusão)

E-sports	
Especificidades	*League of Legends*: no computador; multijogador; caracteriza-se por equipes que buscam a destruição do nexus com personagens que possuem diferentes habilidades.
	Fifa: em consoles (com versão para computador e celular); imita partidas de futebol e o universo relacionado a elas (opção de jogadores e táticas das equipes).

▍▍▍ *Indicação cultural*

Documentário

THE PHENOM [O fenômeno]. Seul: OGN, 2017. 14 min. Disponível em: <www.youtube.com/watch?time_continue=60&v=mcF-zofgzhA>. Acesso em: 28 fev. 2019.

O vídeo compara a vida e a carreira de Lee "Faker" Sang-hyeok, jogador profissional de *League of Legends*, e de Ronaldo Nazário, ex-jogador de futebol, mostrando os méritos e as dificuldades pelas quais ambos passaram em suas carreiras. É interessante observar a intenção dos produtores nessa comparação, buscando quebrar o preconceito contra jogadores de *e-sports* ao não considerá-los da mesma forma que atletas de outras modalidades – no caso, o futebol. É importante reforçar que, durante as gravações, Ronaldo era empresário de uma equipe brasileira de *League of Legends*, indicando o interesse comercial de um atleta de uma modalidade hegemônica nos *e-sports*.

▉ *Atividades de autoavaliação*

1. Entre os argumentos daqueles que defendem a classificação dos jogos eletrônicos como esportes (no caso, *e-sports*), podemos destacar como principal:

    a) O esforço físico demandado pelos jogos eletrônicos, que exigem um preparo físico significativo dos atletas.

b) O nível profissional de competição, especialmente com sua popularização pela internet, e as habilidades complexas necessárias.
c) O desenvolvimento tecnológico que proporcionou maior qualidade dos jogos e destreza dos jogadores.
d) O envolvimento de pessoas de diferentes idades, não só jovens, que passaram a consumir os jogos eletrônicos em seus momentos de lazer.
e) A possibilidade de ascensão social dos jogadores, considerando os patrocínios e os investimentos na transmissão dos eventos.

2. No que se refere aos fundamentos técnicos dos *e-sports*, assinale a alternativa correta:
   a) O corpo do jogador é irrelevante, já que os jogos se desenvolvem no mundo virtual.
   b) Em todos os jogos, a velocidade de reação é o principal fundamento técnico a ser considerado.
   c) Na maioria dos casos, a coordenação oculomanual (entre a visão e os movimentos com as mãos) é o principal fundamento técnico.
   d) É importante que os ciberatletas tenham agilidade e força para controlar seus personagens nos jogos.
   e) A inserção de fundamentos técnicos nos *exergames* é uma novidade, pois nos demais jogos por controles as técnicas não existem.

3. Sobre a tática dos *e-sports*, assinale a alternativa correta:
   a) Está mais evidente nos jogos multijogadores, já que as equipes precisam atuar de forma coletiva.
   b) Em todos os jogos eletrônicos, é menos importante que a técnica individual.

c) Os jogadores tendem a formar equipes com habilidades semelhantes nos jogos multijogadores, pois é uma forma de compensar o fato de não treinarem juntos.
d) Se dá exclusivamente nos jogos de tiro em primeira pessoa.
e) Nos jogos de esportes, a tática é o conhecimento mais relevante para o sucesso individual do jogador.

4. Nos *e-sports*, os praticantes aprendem a jogar:
   a) Com técnicos, estudiosos que não foram praticantes.
   b) Em escolas específicas.
   c) Com jogadores mais experientes, jogando juntos ou assistindo a vídeos.
   d) Lendo tutoriais com as regras disponíveis *on-line*.
   e) Nas aulas de Educação Física escolar e em escolinhas.

5. Considerando as características de *League of Legends* e Fifa, selecione a alternativa correta:
   a) O *League of Legends* é um jogo de simulação, e o Fifa, de estratégia.
   b) Por se tratarem de *e-sports*, esses jogos são muito difíceis para iniciantes, conquistando apenas jogadores com alto nível de experiência.
   c) Embora esses jogos sejam praticados por muitas pessoas, não possuem campeonatos internacionais importantes.
   d) Tanto o *League of Legends* como o Fifa possuem níveis progressivos de complexidade, característica relevante para *e-sports*.
   e) Apesar das diferenças, *League of Legends* e Fifa utilizam o termo *campeão* para indicar o vencedor do jogo.

Atividades de aprendizagem

Questões para reflexão

1. Imagine que você foi contratado por uma grande empresa para organizar uma equipe de *e-sports* visando a competições internacionais em um jogo eletrônico a ser escolhido por você. Qual jogo você escolheria? Quais seriam os passos para montar essa equipe? Onde buscaria os jogadores? Que outros profissionais você contrataria? Que tipo de equipamentos compraria? Qual seria a rotina de treinamento? De quais eventos participaria? Se necessário, faça buscas *on-line* para aprofundar seus conhecimentos e para responder a essas questões.

2. Você, como profissional de Educação Física, tem percebido que, entre seus alunos (de uma escola ou escolinha esportiva), muitos demonstram grande interesse nos jogos eletrônicos. A fim de diversificar suas aulas, você propõe a seu coordenador uma aula em que um jogo eletrônico da preferência dos alunos será utilizado. De que forma você justificaria o jogo eletrônico em uma aula de Educação Física ou em uma escolinha esportiva de outra modalidade? Quais benefícios você destacaria para defender essa escolha?

Atividade aplicada: prática

1. Reúna um grupo de adolescentes ou adultos e desenvolva a atividade a seguir.

   Conteúdo: FIFA

   Objetivos: Aprender táticas do jogo de futebol por meio do jogo eletrônico FIFA.

   Materiais e recursos necessários: 1 televisão com entrada compatível, 1 cabo compatível para conectar o console à televisão, 1 console (*video game*), 1 jogo FIFA, 2 controles, 3 folhas de papel e 4 canetas de cores diferentes.

Preparo: Questione quais dos participantes já jogaram FIFA ou têm familiaridade com outros jogos eletrônicos de futebol. Com base em suas manifestações, pergunte a cada um:
- Quais são suas equipes preferidas?
- Quais são os técnicos de que você mais gosta?
- Além do desempenho individual do jogador, o que é importante para uma equipe jogar bem?
- Você já reparou nas diferentes formas de jogo entre as equipes?
- Você já mexeu nas opções de jogo que mudam o posicionamento dos jogadores e as formas de jogo de sua equipe?
- Quais opções você encontrou?
- Em sua opinião, há alguma forma de jogo melhor ou pior do que outra?
- Que variáveis devemos considerar?

Caso os alunos não tenham familiaridade com jogos eletrônicos, essas perguntas podem ser relacionadas a equipes reais, por meio de exemplos de times bem-sucedidos em jogos nacionais e internacionais recentes.

Desenvolvimento:
- **Parte inicial**: Apresente o jogo eletrônico aos participantes e explore as opções táticas das equipes, evidenciando as várias possibilidades apresentadas pelo jogo. Para cada opção, considere quais características dos jogadores são importantes – por exemplo, a diferença entre equipes ofensivas e defensivas, o número de jogadores em cada posição, os fundamentos técnicos relevantes em cada posição e as equipes contra as quais essa disposição tática pode ser útil. Saliente aos participantes que eles precisam prestar atenção às diferentes formas e variações. Após essa exposição, dois indivíduos que já tenham um pouco de experiência com o jogo disputarão duas partidas com as mesmas equipes e os mesmos jogadores. No primeiro tempo da primeira partida, o participante 1 utiliza uma formação tática e, no segundo tempo, outra. O participante 2 deve continuar com a mesma formação tática durante a primeira partida inteira, alterando-a na segunda partida. Essa configuração tem o objetivo de fazer os participantes perceberem as mudanças na forma de jogar das equipes e possam comparar o resultado entre o primeiro e o segundo tempo de cada partida.

- **Parte final**: Depois que os participantes tiverem jogado as duas partidas, questione a todos sobre as percepções que tiveram das formações táticas:
  - Quais estratégias pareceram mais interessantes, além das habilidades dos jogadores de cada equipe e dos dois participantes?
  - Como eram as disposições dos jogadores?
  - É possível representar as disposições táticas em um papel? Como?

  Dessa forma, todos fazem desenhos ilustrando o posicionamento dos jogadores conforme as diferentes formações táticas vivenciadas na partida, com uma cor designada para cada tipo de formação. Utilizando como referências as percepções e os desenhos, aborde com mais detalhes as características de cada formação tática, propondo que, numa próxima atividade, os participantes organizem as equipes conforme determinada formação tática.
  O período final da atividade é livre para que os demais participantes também disputem partidas do jogo eletrônico.

  Síntese da atividade: Com base nos desenhos, avalie quais participantes compreenderam os diferentes desenhos táticos e as principais dificuldades encontradas pelas equipes durante a partida. Analise, considerando as percepções e os comentários, se eles estiveram atentos às disposições táticas e, posteriormente, verifique se eles as transferem para o jogo de futebol real.

Com base na experiência que você teve com o público indicado, analise como foi o desenvolvimento da atividade. Como as pessoas participaram? O que você notou que elas executaram com mais dificuldade? Quais dificuldades você sentiu ao aplicar a atividade? O que os participantes conseguiram reter de aprendizado?

Considerações finais

Ao final da leitura deste livro, esperamos que você tenha refletido sobre a necessidade de avançarmos na abordagem dada ao esporte, contemplando este conteúdo de forma ampliada na prática profissional da disciplina de Educação Física. Da mesma forma, esperamos ter colaborado para que você conheça e entenda ser viável a utilização de recursos pedagógicos que possam ir além das modalidades esportivas hegemônicas.

Sabemos que quebrar paradigmas, ou seja, fugir daquilo que é mais fácil, comum e evidente, não é uma tarefa fácil. Não é por acaso que utilizamos a classificação *modalidades esportivas hegemônicas* e *complementares*, a qual evidencia que há uma relação hierárquica historicamente constituída que limita as experiências e as oportunidades que as pessoas têm para se apropriarem do esporte.

Por isso, procuramos demonstrar que essa é uma tarefa necessária para professores e profissionais de Educação Física. Diversificar a oferta de modalidades esportivas poderá qualificar a educação física como área de conhecimento que proporciona experiências diversas e significativas. Também é uma forma de diferenciar professores e profissionais que oportunizam a seus alunos e clientes a vivência e a prática esportiva de forma ampliada, o que pode gerar novos gostos, novos movimentos, novas mobilizações musculares, novos engajamentos em diferentes círculos sociais e novas experiências culturais.

Tratamos de modalidades de invasão, de raquete e de taco, de rede/parede, de expressão corporal e dos *e-sports*. Reforçamos que essa classificação não é definitiva, já que existem modalidades que se encaixam em mais de um grupo. Entretanto, essa categorização permite que haja uma aproximação entre técnicas e movimentos, ainda que as especificidades de cada modalidade devam ser levadas em consideração.

Propusemos uma abordagem das modalidades conforme suas similaridades antes de explorar suas especificidades. Essa é uma sequência a ser seguida temporalmente, tanto com crianças e adolescentes no processo de desenvolvimento corporal e motor quanto no trabalho com grupos de qualquer idade que sejam iniciantes em modalidades esportivas. Tendo compreendido as lógicas de jogo, os praticantes poderão se aprofundar nas modalidades de seu interesse, sem deixar de experimentar outros movimentos e modalidades.

Em consideração à complexidade que o esporte possui, estamos cientes de que não é possível cobrir todas as suas modalidades e manifestações. Em nossa obra, optamos por recortes e apresentamos justificativas no decorrer dos capítulos. Isso não significa que você precise ficar restrito a essas páginas. Indicamos materiais e bibliografias acessíveis e que possibilitam aprofundar os estudos sobre os temas trabalhados. Além disso, ouse e tenha a curiosidade de conhecer e se aperfeiçoar em novas modalidades e metodologias. Esperamos que este livro seja apenas o início de uma jornada de descobertas.

Referências

ALMOND, L. Rethinking Teaching Games for Understanding. **Ágora para la EF y el Deporte**, v. 17, n. 1, p. 15-25, ene./abr. 2015.

ARAÚJO, J. G. E.; SOUZA, C. B. de; MOURA, D. L. Exergames na educação física: uma revisão sistemática. **Movimento**, Porto Alegre, v. 23, n. 2, p. 529-542, abr./jun. 2017. Disponível em: <https://seer.ufrgs.br/Movimento/article/download/65330/42068>. Acesso em: 28 fev. 2019.

BAGOLAN, I. et al. Do herói virtual à celebridade real: fama nos gameplays exibidos online. In: CONGRESSO BRASILEIRO DE CIÊNCIAS DA COMUNICAÇÃO, 38., 2015, Rio de Janeiro. **Anais**... Disponível em: <http://portalintercom.org.br/anais/nacional2015/resumos/R10-3758-1.pdf>. Acesso em: 28 fev. 2019.

BARBANTI, V. O que é esporte? **Revista Brasileira de Atividade Física e Saúde**, v. 11, n. 1, p. 54-58, 2006.

BARROSO, A. L. R.; DARIDO, S. Escola, educação física e esporte: possibilidades pedagógicas. **Revista Brasileira de Educação Física, Esporte, Lazer e Dança**, v. 1, n. 4, p. 101-114, dez. 2006. Disponível em: <http://www.educadores.diaadia.pr.gov.br/arquivos/File/2010/artigos_teses/EDUCACAO_FISICA/artigos/escola_ed_fisica.pdf>. Acesso em: 26 fev. 2019.

BAYER, C. **O ensino dos desportos coletivos**. Paris: Editions Vigot, 1994.

BENTO, J. O. **O outro lado do desporto**: vivências e reflexões pedagógicas. Porto: Campo das Letras, 1995.

BENTO, J. O.; GARCIA, R.; GRAÇA, A. **Contextos da pedagogia do desporto**. Lisboa: Livros Horizonte, 1999.

BETTI, M. Esporte, espetáculo e mídias: implicações para a qualidade da vida. In: MOREIRA, W. W.; SIMÕES, R. (Org.). **Esporte como fator de qualidade de vida**. Piracicaba: Unimep, 2002. p. 25-36.

BOM JESUS. **Diretrizes curriculares de ensino de educação física**. Curitiba, 2013.

BOTTI, M. **Ginástica rítmica**: estudo do processo de ensino/aprendizagem – treinamento como suporte na teoria ecológica. 134 f. Dissertação (Mestrado em Educação Física) – Universidade Federal de Santa Catarina, Florianópolis, 2008. Disponível em: <https://repositorio.ufsc.br/bitstream/handle/123456789/91907/252109.pdf?sequence=1&isAllowed=y>. Acesso em: 28 fev. 2019.

BOURDIEU, P. Os Jogos Olímpicos. In: ____. **Sobre a televisão**. Rio de Janeiro: J. Zahar, 1997. p. 121-128.

BRACHT, V. Esporte na escola e esporte de rendimento. **Movimento**, Porto Alegre, v. 6, n. 12, p. 14-24, 2000. Disponível em: <https://seer.ufrgs.br/Movimento/article/viewFile/2504/1148>. Acesso em: 26 fev. 2019.

BRASIL. Ministério do Esporte. **A prática de esporte no Brasil**: diagnóstico nacional do esporte. Brasília, 2013. Disponível em: <www.esporte.gov.br/diesporte/index.html>. Acesso em: 26 fev. 2019.

BRASIL RUGBY. Disponível em: <ww2.brasilrugby.com.br/>. Acesso em: 27 fev. 2019a.

____. **O que é rugby?** Disponível em: <https://ww2.brasilrugby.com.br/pages/regras-do-rugby/>. Acesso em: 27 fev. 2019b.

BURK, D. L. Owning e-Sports: Proprietary Rights in Professional Computer Gaming. **University of Pennsylvania Law Review**, v. 161, n. 6, p. 1535-1579, 2013.

CABELLO, M. D. **Análisis de las características del juego en el bádminton de competición**: su aplicación al entrenamiento. 270 f. Tese (Doutorado em Educação Física) – Universidade de Granada, Espanha, 2000. Disponível em: <www.cafyd.com/REVISTA/ojs/index.php/bbddcafyd/article/view/123/94>. Acesso em: 27 fev. 2019.

CAREGNATO, A. F. et al. Motivos que levam os jovens atletas a abandonar o futsal competitivo em um clube brasileiro. **Revista Brasileira de Ciência e Movimento**, v. 24, n. 2, p. 63-73, 2016. Disponível em: <https://portalrevistas.ucb.br/index.php/RBCM/article/view/5730/4394>. Acesso em: 26 fev. 2019.

CARNEIRO, T. R. **Treino de jovens atletas**: metodologia de ensino da modalidade de golfe. 110 f. Relatório de Estágio (Mestrado em Treino Desportivo) – Faculdade de Motricidade Humana de Lisboa, Lisboa, 2013. Disponível em: <www.repository.utl.pt/handle/10400.5/5825>. Acesso em: 27 fev. 2019.

CARVALHO, E. G. de. **Cyberbullying em jogos on-line**: categorização dos conteúdos, levantamento nacional dos jogadores e perfil das vítimas. Dissertação (Mestrado em Psicologia) – Universidade Tuiuti do Paraná, Curitiba, 2014.

CBDT – Confederação Brasileira de Desportes Terrestres. Disponível em: <www.cbdt.com.br/>. Acesso em: 28 fev. 2019a.

____. **Regras punhobol**. Disponível em: <https://www.cbdt.com.br/regras-punhobol/>. Acesso em: 28 fev. 2019b.

CBFV – Confederação Brasileira de Futevôlei. Disponível em: <http://cbfv.com.br/>. Acesso em: 28 fev. 2019.

CBHG – Confederação Brasileira de Hóquei sobre a Grama e Indoor. Disponível em: <https://hoqueisobregrama.com.br/>. Acesso em: 27 fev. 2019.

CBP – Confederação Brasileira de Peteca. Disponível em: <www.cbpeteca.org.br/>. Acesso em: 28 fev. 2019.

CBS – Confederação Brasileira de Squash. Disponível em: <http://cbsquash.com.br/>. Acesso em: 28 fev. 2019.

CLEMENTE, F. M. Uma visão integrada do modelo teaching games for understanding: adequando os estilos de ensino e questionamento à realidade da educação física. **Revista Brasileira de Ciências do Esporte**, Florianópolis, v. 36, n. 2, p. 587-601, abr./jun. 2014. Disponível em: <http://www.scielo.br/pdf/rbce/v36n2/0101-3289-rbce-36-02-00587.pdf>. Acesso em: 26 fev. 2019.

CNDDS – Conselho Nacional de Dança Desportiva e de Salão. Disponível em: <http://www.cndds.org.br/>. Acesso em: 28 fev. 2019.

____. **Regulamento geral para competições oficiais**. 2017. Disponível em: <http://www.cndds.org.br/wp-content/uploads/2017/04/Regulamento-Geral-para-Competicoes-CNDDS_2017.pdf>. Acesso em: 21 mar. 2019.

COAKLEY, J. **Sports in Society**: Issues and Controversies. 10. ed. New York: McGraw-Hill, 2009.

COB – Comitê Olímpico Brasileiro. **Hóquei sobre grama**. Disponível em: <www.cob.org.br/pt>. Acesso em: 26 fev. 2019.

COPELLI, V. N. **Introdução dos esportes de raquetes nas aulas de educação f**ísica escolar: uma visão segundo a cultura corporal do movimento. 113 f. Trabalho de Conclusão de Curso (Licenciatura em Educação Física) – Universidade Estadual de Campinas, Campinas, 2010. Disponível em: <http://www.bibliotecadigital.unicamp.br/document/?down=000806320>. Acesso em: 27 fev. 2019.

COSTA, A. Q. da. **Comunicação e jogos digitais em ambientes educacionais**: literacias de mídia e informação dos professores de Educação Física da cidade de São Paulo. 250 f. Tese (Doutorado em Ciências da Comunicação) – Universidade de São Paulo, São Paulo, 2017. Disponível em: <http://www.teses.usp.br/teses/disponiveis/27/27154/tde-06072017-113805/publico/ALANQUEIROZDACOSTA.pdf>. Acesso em: 28 fev. 2019.

DARIDO, S. C. Educação Física na escola: conteúdos, duas dimensões e significados. In: ____. **Conteúdos e didática de Educação Física**. Campinas: Ed. da Unesp, 2012. p. 51-75.

DARIDO, S. C.; SOUZA JÚNIOR, O. M. de. **Para ensinar educação física**: possibilidades de intervenção na escola. Campinas: Papirus, 2015.

DELAMORE, G. **Virando o jogo**: reflexões, conceitos e práticas. Belo Horizonte: Appris, 2016.

EA SPORTS. **FIFA 19**. Disponível em: <www.easports.com/br/fifa>. Acesso em: 28 fev. 2019.

ESA – Entertainment Software Association. **2017 Essential Facts About the Computer and Video Game Industry**. 2017. Disponível em: <www.theesa.com/wp-content/uploads/2017/04/EF2017_FinalDigital.pdf>. Acesso em: 28 fev. 2019.

ESPITALHER, L. H.; NAVARRO, A. C. Aula de futebol: pedagogia do esporte tradicional X novas tendências em pedagogia do esporte na visão do aluno. **Revista Brasileira de Futsal e Futebol**, São Paulo, v. 6, n. 22, p. 248-258, jan./dez. 2014. Disponível em: <http://www.rbff.com.br/index.php/rbff/article/download/205/243>. Acesso em: 27 fev. 2019.

FEBASP – Federação de Badminton do Estado de São Paulo. Disponível em: <www.febasp.org.br/>. Acesso em: 28 fev. 2019.

FERREIRA, H. B. GALATTI, L. R. PAES, R. R. Pedagogia do esporte: considerações pedagógicas e metodológicas no processo de ensino e aprendizagem do basquetebol. In: PAES, R. R. BALBINO, H. F. **Pedagogia do esporte**: contextos e perspectivas. Rio de Janeiro: Guanabara Koogan, 2005. p. 1-22.

FERREIRA, L. F. C. **Habilidades específicas do hóquei em patins**: técnica individual e situações de jogo simplificadas. 69 f. Dissertação (Mestrado em Treino Desportivo para Crianças e Jovens) – Universidade de Coimbra, Coimbra, 2012.

FLOORBALL BRASIL. Disponível em: <https://floorball.com.br/>. Acesso em: 26 fev. 2019.

FREITAS, A. de. **Elaboração de um instrumento de análise da dança esportiva em cadeira de rodas**. 167 f. Dissertação (Mestrado em Educação Física) – Universidade Metodista de Piracicaba, Piracicaba, 2007. Disponível em: <www.unimep.br/phpg/bibdig/pdfs/2006/BDFCCHWXJNIF.pdf>. Acesso em: 28 fev. 2019.

FRISBEE BRASIL – Federação Paulista de Disco. Disponível em: <www.frisbeebrasil.com.br/>. Acesso em: 27 fev. 2019.

GALATTI, L. R. **Pedagogia do esporte**: o livro didático como mediador no processo de ensino e aprendizagem dos jogos esportivos coletivos. 141 f. Dissertação (Mestrado em Educação Física) – Universidade Estadual de Campinas, Campinas, 2006. Disponível em: <http://www.fundesporte.ms.gov.br/wp-content/uploads/sites/32/2017/03/JEC-Pedagogia-do-Esporte-processo-de-ensino-e-aprendizagem.pdf>. Acesso em: 26 fev. 2019.

GALLAHUE, D. L.; DONNELLY, F. C. **Educação física desenvolvimentista para todas as crianças**. 4. ed. São Paulo: Phorte, 2008.

GARGANTA, J. Para uma teoria dos jogos desportivos colectivos. In: GRAÇA, A.; OLIVEIRA, J. (Org.). **O ensino dos jogos desportivos**. 2. ed. Porto: Universidade do Porto, 1995. p. 11-25.

GONZÁLEZ, F. J.; DARIDO, S. C.; OLIVEIRA, A. A. B. de (Org.). **Esportes de invasão**: basquetebol, futebol, futsal, handebol, ultimate frisbee. 2. ed. Maringá: Ed. da UEM, 2017. (Coleção Práticas Corporais e a Organização do Conhecimento, v. 1).

_____. **Esportes de marca e com rede divisória ou muro/parede de rebote**: badminton, peteca, tênis de campos, tênis de mesa, voleibol e atletismo. Maringá: Ed. da UEM, 2014. (Coleção Práticas Corporais e a Organização do Conhecimento, v. 2).

GONZÁLEZ, F. J.; FRAGA, A. B. **Afazeres da educação física na escola**: planejar, ensinar, partilhar. Erechim: Edelbra, 2012.

GRAÇA, A.; MESQUITA, I. A investigação sobre os modelos de ensino dos jogos esportivos. **Revista Portuguesa de Ciências do Desporto**, Porto, v. 7, n. 3, p. 401-421, 2007.

HOPPER, T. Teaching Games for Understanding Using Progressive Principles of Play. **Cahperd**, v. 27, n. 1, p. 1-15, 1998.

HOPPER, T.; BELL, R. Games Classification System: Teaching Strategic Understanding and Tactical Awareness. **Cahperd**, v. 66, n. 4, p. 14-19, 1999.

IOC – International Olympic Committee. **Olympic Charter**: in Force as From 15 September 2017. Lausanne, 2017. Disponível em: <https://stillmed.olympic.org/media/Document%20Library/OlympicOrg/General/EN-Olympic-Charter.pdf#_ga=2.113514190.895992825.1507830200-1437220173.1497964217>. Acesso em: 26 fev. 2019.

_____. **Olympic Games Tokyo 2020**: Tokyo 2020 OCOG Proposal on New Sports – Olympic Programme Commission Report. Lausanne, 2016. Disponível em: <https://stillmed.olympic.org/media/Document%20Library/OlympicOrg/IOC/Who-We-Are/Commissions/Olympic-Programme/Tokyo-2020-Olympic-Programme-Commission-report.pdf#_ga=2.93044308.895992825.1507830200-1437220173.149796421>. Acesso em: 26 fev. 2019.

_____. **Rio 2016 Olympic Games International Federations Report:** Olympic Programme Commission – Sept. 2013. Lausanne, 2013. Disponível em: <https://stillmed.olympic.org/media/Document%20Library/OlympicOrg/IOC/Who-We-Are/Commissions/Olympic-Programme-Commission/EN-RIO-2016-International-Federations-Report.pdf>. Acesso em: 26 fev. 2019.

JENSEN, L. **E-sports**: profissionalização e espetacularização em competições eletrônicas. 114 f. Dissertação (Mestrado em Educação Física) – Universidade Federal do Paraná, Curitiba, 2017. Disponível em: <https://acervodigital.ufpr.br/bitstream/handle/1884/47321/R%20-%20D%20-%20LARISSA%20JENSEN.pdf?sequence=1&isAllowed=y>. Acesso em: 28 fev. 2019.

KAUWELOA, S.; WINTER, J. S. Collegiate E-sports as Work or Play. In: INTERNATIONAL JOINT CONFERENCE OF DIGITAL GAMES RESEARCH ASSOCIATION AND FDG, 1., 2016. **Proceedings**... Disponível em: <www.digra.org/wp-content/uploads/digital-library/paper_4361.pdf>. Acesso em: 28 fev. 2019.

KOPP, J. Ejes para una investigación en deportes electrónicos. **Lúdicamente**, v. 6, n. 11, p. 1-15, 2017. Disponível em: <http://ppct.caicyt.gov.ar/index.php/ludicamente/article/view/9866/pdf>. Acesso em: 28 fev. 2019.

LEAL, J. C. **Futebol**: arte e ofício. 2. ed. Rio de Janeiro: Sprint, 2001.

LEÃO JÚNIOR, C. M. **Pedagogia dos jogos eletrônicos**: proposta metodológica para o ensino na Educação Física escolar. 158 f. Dissertação (Mestrado em Ensino) – Universidade Estadual do Paraná, Paranavaí, 2015.

LEBRE, E. M. X. G. **Estudo comparativo das exigências técnicas e morfofuncionais em ginástica rítmica desportiva**. 137 f. Dissertação (Doutorado em Ciências do Desporto) – Universidade do Porto, Porto, 1993. Disponível em: <https://repositorio-aberto.up.pt/bitstream/10216/10254/3/515_TD_01_P.pdf>. Acesso em: 28 fev. 2019.

LEMOS, A. de S. **Voleibol escolar**. Rio de Janeiro: Sprint, 2004.

LIPONSKI, W. **World Sports Encyclopedia**. St. Paul: MBI, 2003.

MANBOL. **A inspiração do esporte**: história – missão. Disponível em: <www.manbol.com.br/>. Acesso em: 28 fev. 2019.

MARCHI JÚNIOR, W; AFONSO, G. F. Globalização e esporte: apontamentos introdutórios para um debate. In: RIBEIRO, L. C. (Org.). **Futebol e globalização**. Jundiaí: Fontoura, 2007. v. 1. p. 127-143.

MARTINS, P. **Sociologia do esporte**. Sobral: Inta, 2016.

MATTAR, J.; NESTERIUK, S. Estratégias do design de games que podem ser incorporadas à educação a distância. **Revista Iberoamericana de Educación a Distancia**, v. 19, n. 2, p. 91-106, 2016.

MCTEE, M. E-Sports: More Than Just a Fad. **Oklahoma Journal of Law and Technology**, v. 10, n. 1, p. 1-27, jan. 2014.

MENEZES, R. P.; MARQUES, R. F. R.; NUNOMURA, M. Especialização esportiva precoce e o ensino dos jogos coletivos de invasão. **Movimento**, Porto Alegre, v. 20, n. 1, p. 351-373, jan./mar. 2014. Disponível em: <https://seer.ufrgs.br/Movimento/article/download/40200/28356>. Acesso em: 26 fev. 2019.

MENTI, D. C.; ARAÚJO, D. C. de. Violência de gênero contra mulheres no cenário dos E-sports. **Conexão: Comunicação e Cultura**, Caxias do Sul, v. 16, n. 31, p. 73-88, jan./jun. 2017.

MORAES, M. G. de; RAIMUNDO, A. K. de S. Análise da força de preensão palmar em tenistas participantes do torneio do Distrito Federal comparando os tipos de empunhaduras. **Revista Digital Efdeportes**, Buenos Aires, año 14, n. 137, oct. 2009. Disponível em: <www.efdeportes.com/efd137/forca-de-preensao-palmar-em-tenistas.htm>. Acesso em: 28 fev. 2019.

MULLER, M. What Makes an Event a Mega-event? Definitions and Sizes. **Leisure Studies**, v. 34, n. 6, p. 627-642, 13 Jan. 2015.

NANNI, D. O. Ensino da dança na estruturação/expansão da consciência corporal e da autoestima do educando. **Fitness & Performance Journal**, v. 4, n. 1, p. 45-57, jan./fev. 2005. Disponível em: <www.redalyc.org/pdf/751/75117085006.pdf>. Acesso em: 28 fev. 2019.

PARLEBAS, P. **Éléments de sociologie du sport**. Paris: Presses Universitaires de France, 1986.

PAULA, D. A. M. de. **Dança de salão**: história e evolução. 25 f. Trabalho de Conclusão de Curso (Licenciatura em Educação Física) – Universidade Estadual Paulista, Rio Claro, 2008. Disponível em: <http://hdl.handle.net/11449/120432>. Acesso em: 28 fev. 2019.

PEQUITA SPORTS SYSTEMS. **Squash**. Disponível em: <https://www.pequita.com/squash>. Acesso em: 28 fev. 2019.

PERRIER-MELO, R. J. et al. Efeito do treinamento com videogames ativos nas dimensões morfológica e funcional: estudo clínico randomizado. **Motricidade**, v. 12, n. 2, p. 70-79, 2016.

PIMENTEL, E. V. **Espaços sociais e novas identidades gamers**: a influência do consumo na produção das narrativas dos videogames. 118 f. Dissertação (Mestrado em Comunicação) – Universidade Federal de Pernambuco, Recife, 2015. Dispo0nível em: <https://repositorio.ufpe.br/bitstream/123456789/16665/1/Erick%20Vasconcelos%20-%20Disserta%C3%A7%C3%A3o.pdf>. Acesso em: 28 fev. 2019.

PORPINO, K. de O. Treinamento da ginástica rítmica: reflexões estéticas. **Revista Brasileira de Ciência e Esporte**, Campinas, v. 26, n. 1, p. 121-133, set. 2004. Disponível em: <www.revista.cbce.org.br/index.php/RBCE/article/view/108/118>. Acesso em: 28 fev. 2019.

PORTAL FUTSAC. Disponível em: <www.futsac.com>. Acesso em: 28 fev. 2019.

RAMBUSCH, J.; JAKOBSSON, P.; PARGMAN, D. Exploring E-Sports: a Case Study of Gameplay in Couter-Strike. In: DIGITAL GAMES RESEARCH ASSOCIATION CONFERENCE, 2007, p. 157-164. **Proceedings**... Disponível em: <www.diva-portal.org/smash/get/diva2:25495/FULLTEXT01.pdf>. Acesso em: 28 fev. 2019.

REIS, L. J. de A. **Sozinho, mas junto**: sociabilidade e violência no World of Warcraft. 341 f. Tese (Doutorado em Educação Física) – Universidade Federal do Paraná, Curitiba, 2013. Disponível em: <http://www.pgedf.ufpr.br/downloads/TESES/2013/Tese%20Leoncio%20Reis.pdf>. Acesso em: 28 fev. 2019.

REVERDITO, R. S.; SCAGLIA, A. J.; PAES, R. R. Pedagogia do esporte: panorama e análise conceitual das principais abordagens. **Motriz**, Rio Claro, v. 15, n. 3, p. 600-610, jul./set. 2009. Disponível em: <www.periodicos.rc.biblioteca.unesp.br/index.php/motriz/article/view/2478/2477>. Acesso em: 27 fev. 2019.

RIOT GAMES. **League of Legends**: informações do jogo. Disponível em: <https://br.leagueoflegends.com/pt/game-info/>. Acesso em: 28 fev. 2019.

RONDINELLI, P. Ginástica de trampolim. **Brasil Escola**. Disponível em: <http://brasilescola.uol.com.br/educacao-fisica/ginastica-trampolim.htm>. Acesso em: 28 fev. 2019.

ROVERI, M. G. **Ginástica de trampolim no Brasil**: história, desenvolvimento e desafios. 88 f. Trabalho de Conclusão de Curso (Graduação em Educação Física) – Universidade Estadual de Campinas, Campinas, 2016. Disponível em: <www.bibliotecadigital.unicamp.br/document/?down=000972388>. Acesso em: 28 fev. 2019.

RUFINO, L. G. B.; DARIDO, S. C. Pedagogia do esporte e das lutas: em busca de aproximações. **Revista Brasileira de Educação Física e Esporte**, São Paulo, v. 26, n. 2, p. 283-300, abr./jun. 2012. Disponível em: <http://www.scielo.br/pdf/rbefe/v26n2/11.pdf>. Acesso em: 27 fev. 2019.

SADI, R. S.; COSTA, J. C.; SACCO, B. T. Ensino de esportes por meio de jogos: desenvolvimento e aplicações. **Pensar a Prática**, v. 11, n. 1, p. 17-26, mar. 2008. Disponível em: <www.revistas.ufg.br/fef/article/view/1298/3333>. Acesso em: 28 fev. 2019.

SADI, R. S. et al. **Pedagogia do esporte**. Brasília: Ed. da UnB; Cead, 2004.

SILVA, A. O. da et al. Prevalência do tempo de tela como indicador do comportamento sedentário em adolescentes brasileiros: uma revisão sistemática. **Motricidade**, v. 12, n. S2, p. 155-164, 2016.

SILVA, A. P. S. da; SILVA, A. M. Jogos eletrônicos de movimento: esporte ou simulação na percepção de jovens? **Motrivivência**, Florianópolis, v. 29, n. 52, p. 157-172, set. 2017. Disponível em: <https://periodicos.ufsc.br/index.php/motrivivencia/article/download/2175-8042.2017v29n52p157/35037>. Acesso em: 28 fev. 2019.

SIMÕES, A. C.; CONCEIÇÃO, P. F. M. Gestos e expressões faciais de árbitro, atletas e torcedores em um estádio de futebol: uma análise das imagens transmitidas pela televisão. **Revista Brasileira de Educação Física e Esporte**, São Paulo, v. 18, n. 4, p. 343-361, out. 2004.

SOARES, M; MOTA, I. **Korfebol**. 2010. Disponível em: <http://www.cdof.com.br/korfebol2.htm#5>. Acesso em: 20 mar. 2019.

SOUSA, C. V. et al. Treinamento de tênis de mesa em ambiente virtual não melhora desempenho de crianças em espaço real. **ConScientiae Saúde**, v. 15, n. 1, p. 24-29, 2016.

SPORTREGRAS. **8 curiosidades de voleibol que você ainda não sabe**. Disponível em: <https://sportsregras.com/curiosidades-voleibol/>. Acesso em: 28 fev. 2019.

TAYLOR, N. Play to the Camera: Video Ethnography, Spectatorship, and E-Sports. **Convergence: the International Journal of Research into new Media Technologies**, v. 22, n. 2, p. 115-130, 2016.

TAYLOR, T. L. **Raising the Stakes**: E-Sports and the Professionalization of Computer Gaming. Cambridge: The MIT Press, 2012.

TOKYO 2020. **Olympic Sports**. Disponível em: <https://tokyo2020.jp/en/games/sport/olympic/>. Acesso em: 26 fev. 2019.

WFDF – World Flying Disc Federation. **Regras do ultimate 2013 da WFDF**. Colorado Springs: WFDF, 2013. Disponível em: <https://docs.wixstatic.com/ugd/631120_9b5dc84793694baeb181c24d96a2ae1a.pdf>. Acesso em: 27 fev. 2019.

WITKOWSKI, E. On the Digital Playing Field: How We "do Sport" With Networked Computer Games. **Games and Culture**, v. 7, n. 5, p. 349-374, 2012.

WSF – World Squash Federation. **Regras mundiais do squash individual 2014**. Tradução de Nelson Neto. São Paulo: CBS, 2014. Disponível em: <http://cbsquash.com.br/cbs-arquivos/2014-Regras-squash-portugu%C3%AAs.pdf>. Acesso em: 28 fev. 2019.

Bibliografia comentada

GONZÁLEZ, F. J.; DARIDO, S. C.; OLIVEIRA, A. A. B. de (Org.). **Esportes de marca e com rede divisória ou muro/parede de rebote**: badminton, peteca, tênis de campos, tênis de mesa, voleibol e atletismo. Maringá: Ed. da UEM, 2014. (Coleção Práticas Corporais e a Organização do Conhecimento, v. 2).

A obra faz uma abordagem geral das características ou semelhanças entre as modalidades de rede ou parede. Os autores oferecem diversas propostas de trabalho sobre o conteúdo de algumas modalidades dessa categoria como subsídio aos profissionais de Educação Física envolvidos com o esporte na dimensão educacional.

JENSEN, L. **E-sports**: profissionalização e espetacularização em competições eletrônicas. 114 f. Dissertação (Mestrado em Educação Física) – Universidade Federal do Paraná, Curitiba, 2017. Disponível em: <https://acervodigital.ufpr.br/bitstream/handle/1884/47321/R%20-%20D%20-%20LARISSA%20JENSEN.pdf?sequence=1&isAllowed=y>. Acesso em: 28 fev. 2019.

A dissertação de mestrado de Larissa Jensen traz uma ampla visão dos jogos eletrônicos, com tipificação, exemplificação e articulação teórico-conceitual dos e-sports em relação aos demais debates presentes no esporte (jogo, lúdico, espetacularização e convergência), feito especialmente pela área de educação física. Trata-se de um texto que pode servir de introdução para a compreensão do debate sobre esporte e jogos eletrônicos, servindo também como um meio de compreender o percurso histórico-sociológico que tem se estabelecido nessa área nas últimas décadas.

Anexo

Preencha o quadro classificando as modalidades esportivas que você conhece. Caso entenda que uma modalidade não se encaixa em nenhuma das categorias, deixe-a de fora do quadro.

Modalidades esportivas de:				
Invasão	Raquete e taco	Rede/parede	Expressão corporal	Jogos eletrônicos (*e-sports*)

Respostas

Capítulo 1

Atividades de autoavaliação

1. c
2. b
3. d
4. a
5. b

Capítulo 2

Atividades de autoavaliação

1. c
2. a
3. b
4. c
5. a

Capítulo 3

Atividades de autoavaliação

1. b
2. a
3. c
4. 2, 1, 3.
5. c

Capítulo 4

Atividades de autoavaliação

1. d
2. d
3. a
4. b
5. c

Capítulo 5

Atividades de autoavaliação

1. a
2. 1, 3, 2.
3. d
4. b
5. b

Capítulo 6

Atividades de autoavaliação

1. b
2. c
3. a
4. c
5. d

Sobre os autores

Bárbara Schausteck de Almeida é doutora em Educação Física na linha de pesquisa História e Sociologia do Esporte pela Universidade Federal do Paraná (UFPR); nessa universidade, também foi bolsista do Programa Nacional de Pós-Doutorado Capes. Realizou seu estágio de doutoramento na University of Chichester (Inglaterra). Atuou como docente na Universidade Estadual de Londrina (UEL) e no Centro Universitário Internacional Uninter e foi editora do *The Journal of Latin American in Sociocultural Studies of Sport*. Atualmente, compõe o comitê editorial dessa publicação e é consultora em revistas nacionais e internacionais na área de Sociologia e Política do Esporte e Lazer.

Emerson Liomar Micaliski é graduado em Educação Física pela Pontifícia Universidade Católica do Paraná (PUC-PR), especialista em Educação Física Escolar pelo Centro Universitário Internacional Uninter e mestre em Teologia e Sociedade pela PUC-PR, com pesquisa sobre manifestações religiosas de atletas e torcidas no futebol. Tem experiência na educação básica nas redes pública e privada como professor de Educação Física e no ensino superior nos cursos de licenciatura e bacharelado em Educação Física e Pedagogia. Atualmente, é coordenador dos cursos de especialização na área desportiva da Uninter.

Marcos Ruiz da Silva é graduado em Educação Física pela Universidade Estadual de Londrina (UEL), especialista em Educação Física, Administração de Recursos Humanos pela Universidade Federal do Paraná (UFPR), mestre em Educação Física pela UFPR e doutor em Educação Física pela Universidade Estadual de Maringá (UEM). Tem experiência na área de educação física atuando principalmente nos seguintes temas: recreação e lazer, atividade física-lazer-educação, turismo-hotelaria, administração esportiva e esporte. Atualmente, é coordenador do curso de Educação Física do Centro Universitário Internacional Uninter.

Os papéis utilizados neste livro, certificados por instituições ambientais competentes, são recicláveis, provenientes de fontes renováveis e, portanto, um meio **respons**ável e natural de informação e conhecimento.

FSC
www.fsc.org
MISTO
Papel produzido a partir de fontes responsáveis
FSC® C103535

Impressão: Reproset
Fevereiro/2023